Mein lustiger SCHÜLER Rätselblock
NIKKI BUSCH

Bilder und Gestaltung von
Christiane Hahn

Dieser Block gehört:

....

....

CARLSEN

Das nächste Blatt mit Alphabet und Zahlen kannst du rausreißen und beim Knobeln neben den Block legen.

DAS ALPHABET

Aa Bb Cc Dd

Ee Ff Gg Hh

Ii Jj Kk Ll

Mm Nn Oo Pp

Qq Rr Ss Tt

Uu Vv Ww Xx

Viel Spaß beim Üben!

Yy Zz

Die Zahlen von 1–20

eins   zwei   drei   vier   fünf

sechs   sieben   acht   neun   zehn

elf   zwölf   dreizehn   vierzehn   fünfzehn

sechzehn   siebzehn   achtzehn   neunzehn   zwanzig

Male die Kästchen mit dem großen **B** und dem kleinen **b** bunt aus!

P	B	b	d	c	p	o	C	d	p
D	O	o	p	P	D	c	P	C	b
P	o	c	d	D	p	p	c	B	o
b	C	d	p	O	b	O	d	P	B
o	b	d	w	p	B	C	c	D	b
d	B	p	D	b	P	c	C	d	c
C	p	d	P	D	B	b	d	b	p
p	B	C	D	o	O	P	C	P	c
b	o	d	p	O	C	b	D	O	P
O	d	c	C	P	D	b	d	o	B

P	B	b	d	c	p	o	C	d	p
D	O	o	p	P	D	c	P	C	b
P	o	c	d	D	p	p	c	B	o
b	C	d	p	O	b	O	d	P	B
o	b	d	w	p	B	C	c	D	b
d	B	p	D	b	P	c	C	d	c
C	p	d	P	D	B	b	d	b	p
p	B	C	D	o	O	P	C	P	c
b	o	d	p	O	C	b	D	O	P
O	d	c	C	P	D	b	d	o	B

Schreibe auf die Linien das große **B**
und das kleine **b**!

B

b

Je ein Bild auf der linken ← Seite und auf der rechten → Seite ergeben ein neues Wort. Verbinde diese beiden Bilder mit einem Strich!

links

rechts

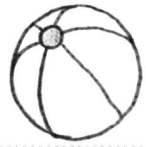

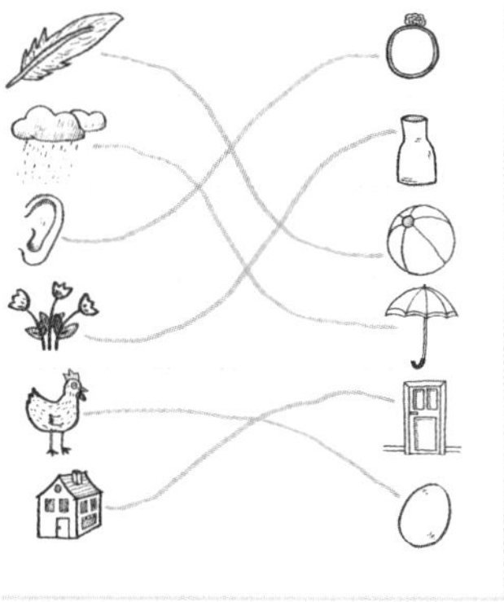

Male bunte Blumen
in die Vase.

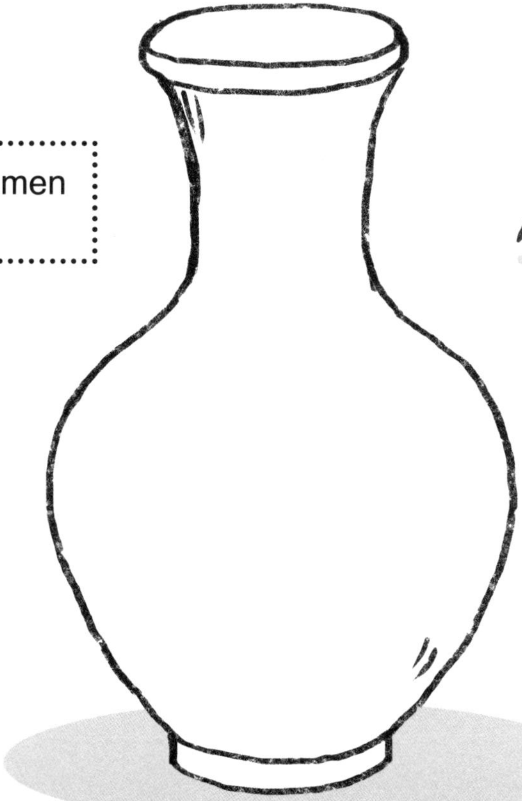

LÖSUNG

Wie viele Gegenstände kannst du auf den Bildern zählen? Verbinde die Bilder mit dem passenden Würfel!

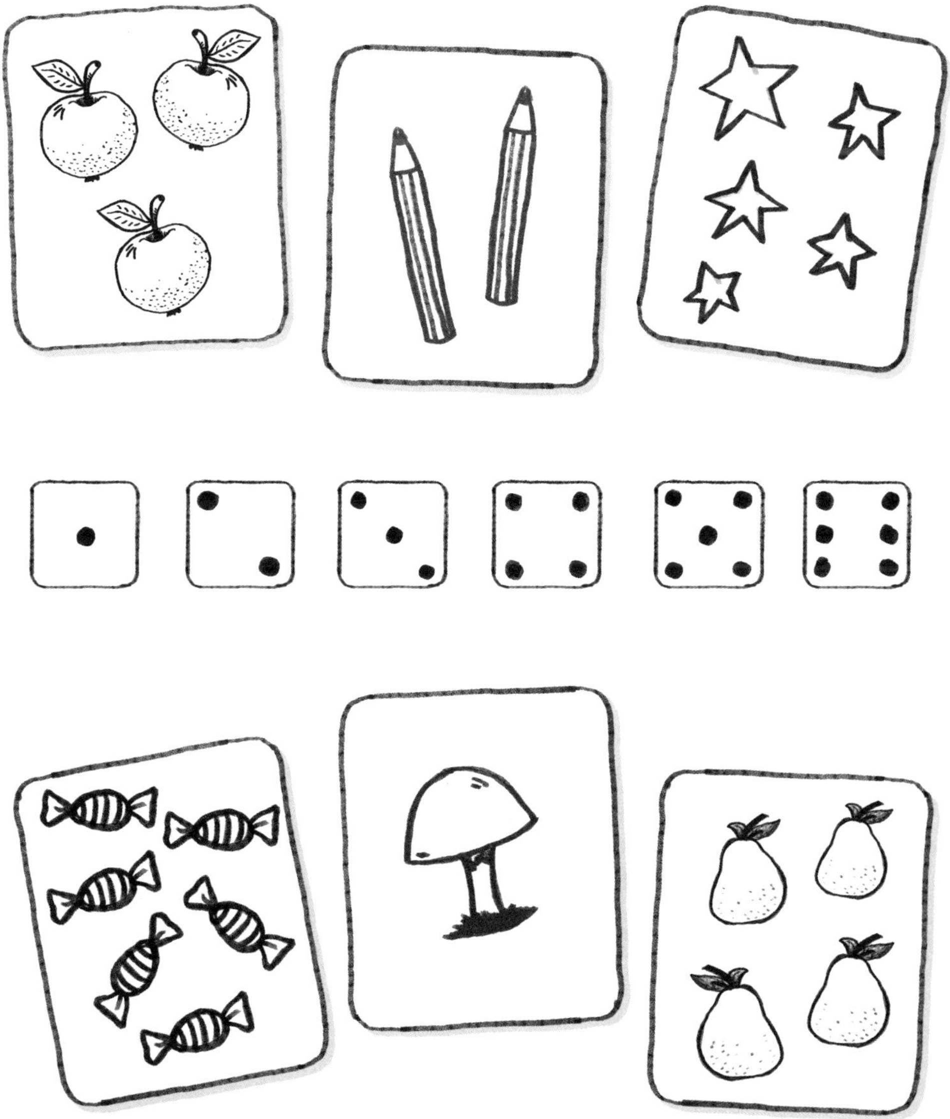

7 3 1
2 3 1 2
1 2 1

3
2
1

Schreibe die Ziffern 1, 2 und 3!

LÖSUNG

Ordne die Bälle nach ihrer Größe.
Gib dem kleinsten Ball die Nummer 1
und dem größten Ball die Nummer 6.
Schreibe die Zahlen in die Kästchen!

   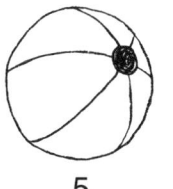 

1 2 3 4 5 6

Male den Wasserball bunt an!

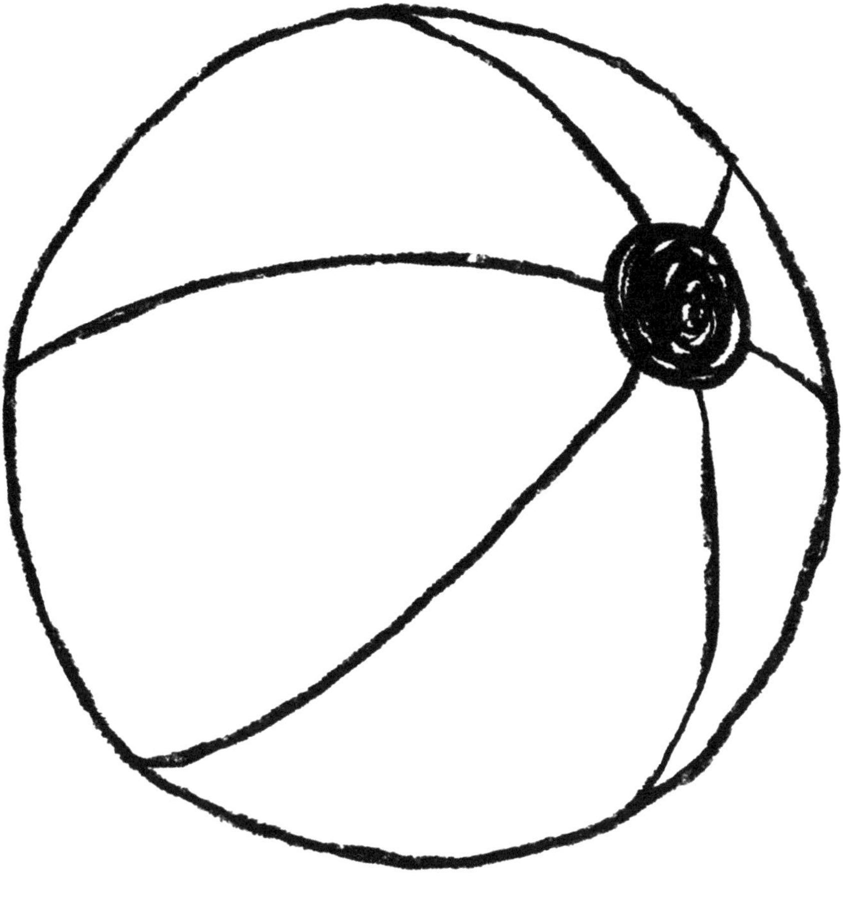

Welcher Buchstabe ist genauso wie der erste in jeder Reihe geschrieben? Streiche die falschen durch!

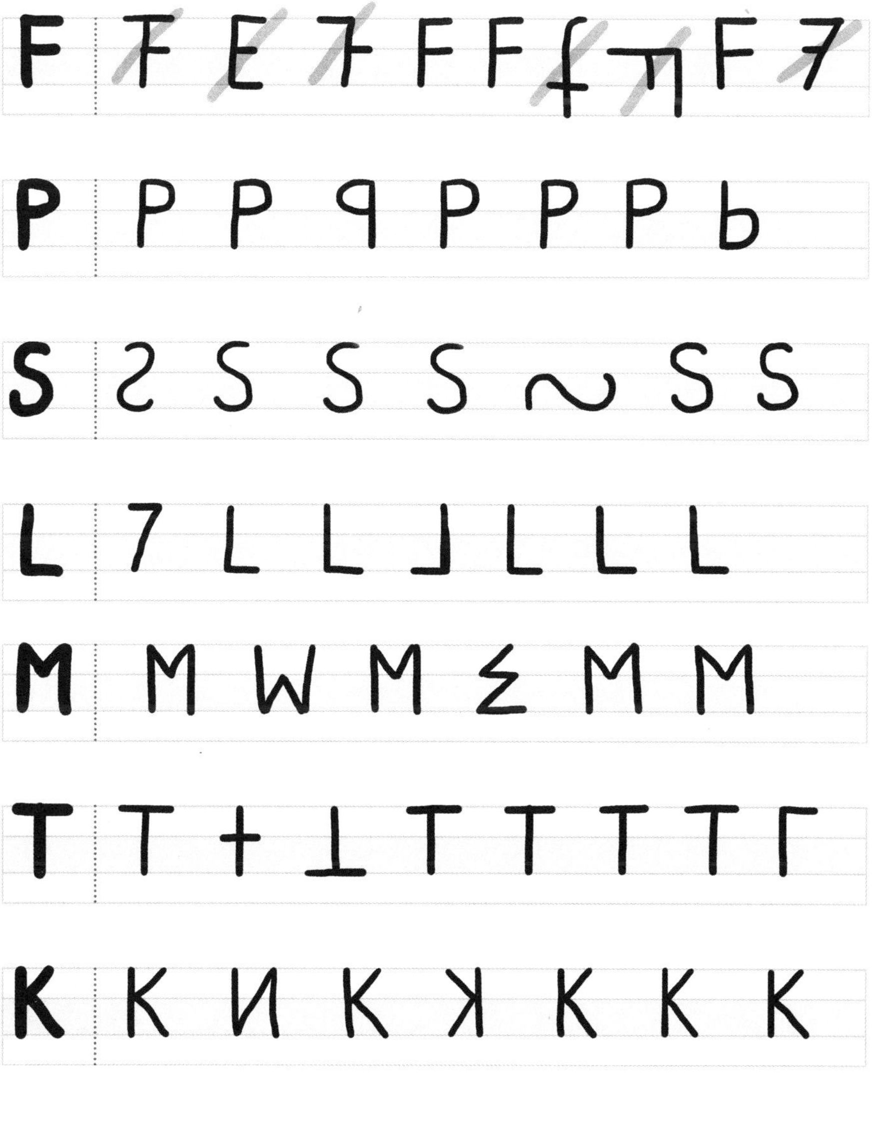

F ~~F~~ ~~E~~ ~~7~~ F F ~~f~~ ~~丁~~ F ~~7~~

P P P ~~q~~ ~~p~~ P P ~~b~~

S ~~2~~ S S S ~~∽~~ S S

L ~~7~~ L L ~~⌐~~ ⌐ L L

M M ~~W~~ M ~~ε~~ M M

T T ~~+~~ ~~⊥~~ T T T T ~~Γ~~

K K ~~И~~ K ~~Ϗ~~ K K K

F F̶ F̶ F̶ F F F̶ F̶ F̶ F̶

P P P Я P P P Ь

S S̶ S S S ∾ S S

L 7̶ L L J̶ L L L

M M W M Ɀ̶ M M

T T ∤ ⊥̶ T T T T Γ

K K И K Ⴗ̶ K K K

> Schreibe auf die Linien das große
> **M** und das kleine **m**!

M

m

Zähle die Gegenstände in den Bildern, indem du für jeden Gegenstand einen Strich im Kästchen daneben machst!

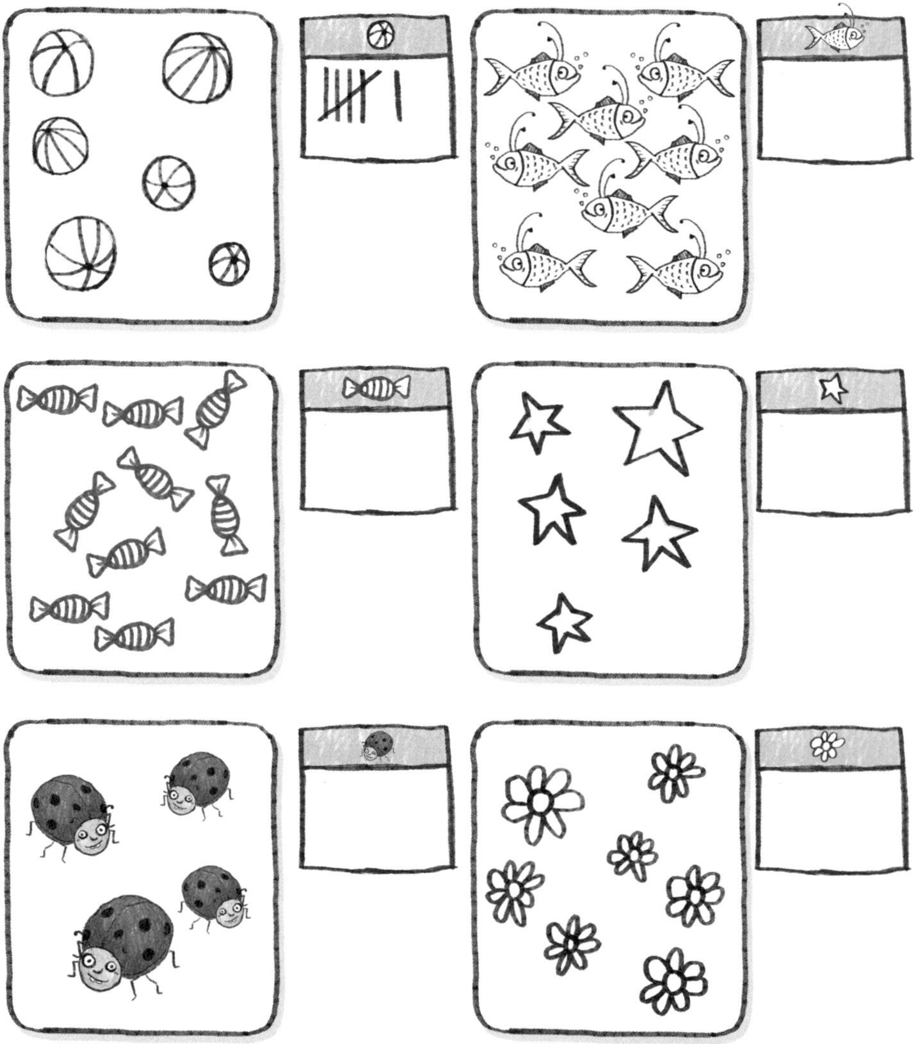

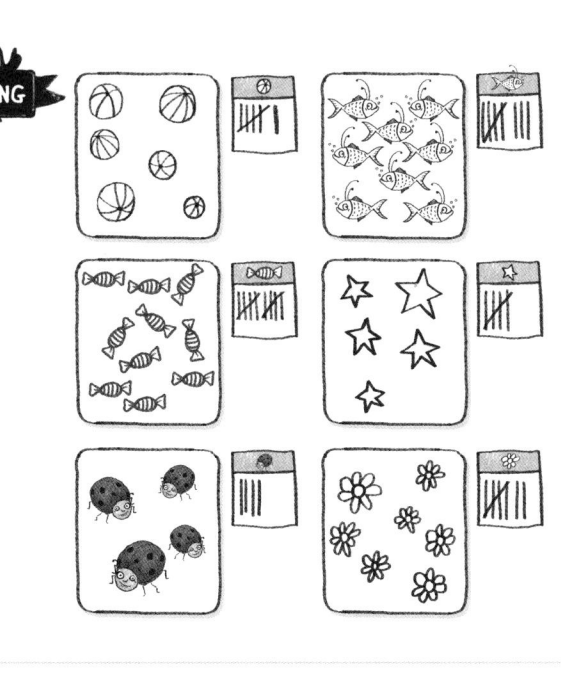

Schreibe die Ziffern **4, 5** und **6**!

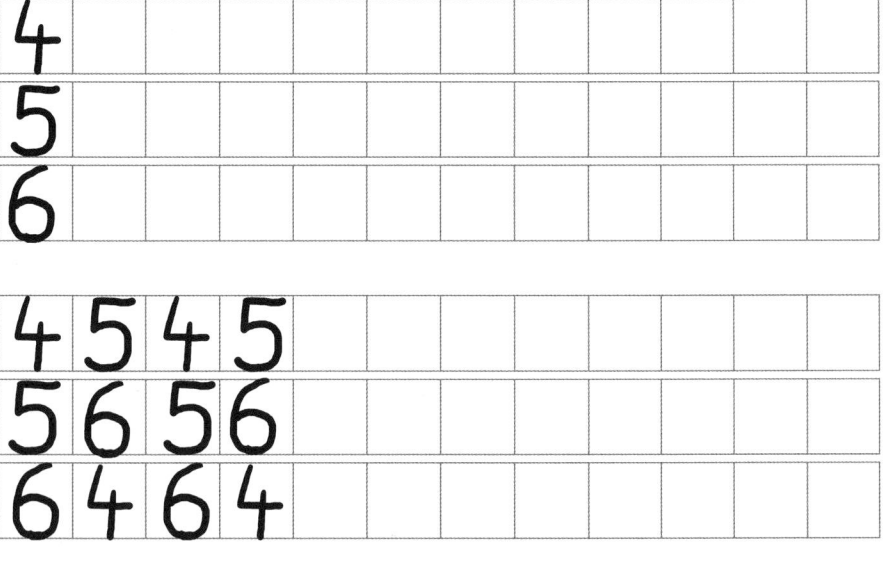

In jeder Reihe passt ein Bild nicht zu den anderen. Streiche es durch!

 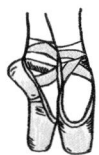  

   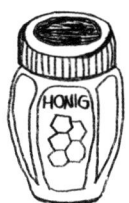

Male die Muster weiter!

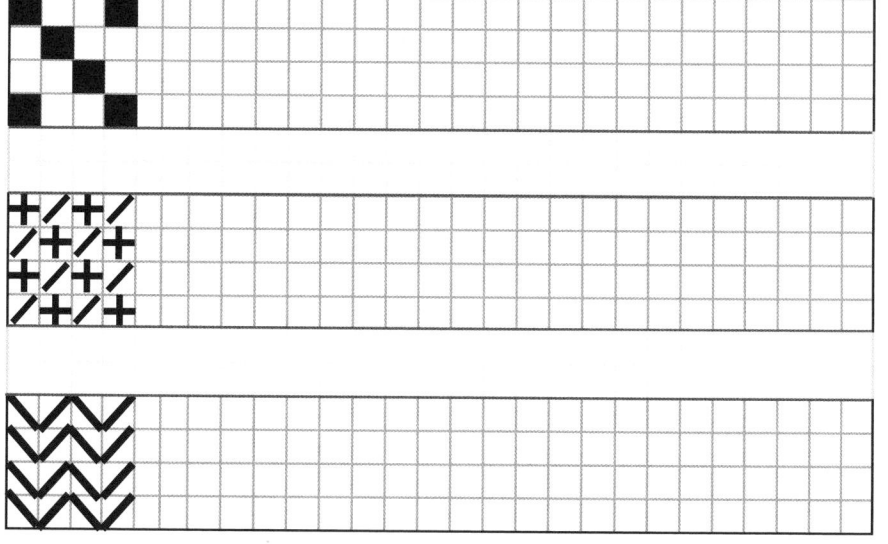

Von welcher Obstsorte gibt es wie viele Stücke? Mache für jedes Stück einen Strich und schreibe dann die Zahl neben das Kästchen!

BEISPIEL

|||| 4

Schreibe die Ziffern **7**, **8** und **9**!

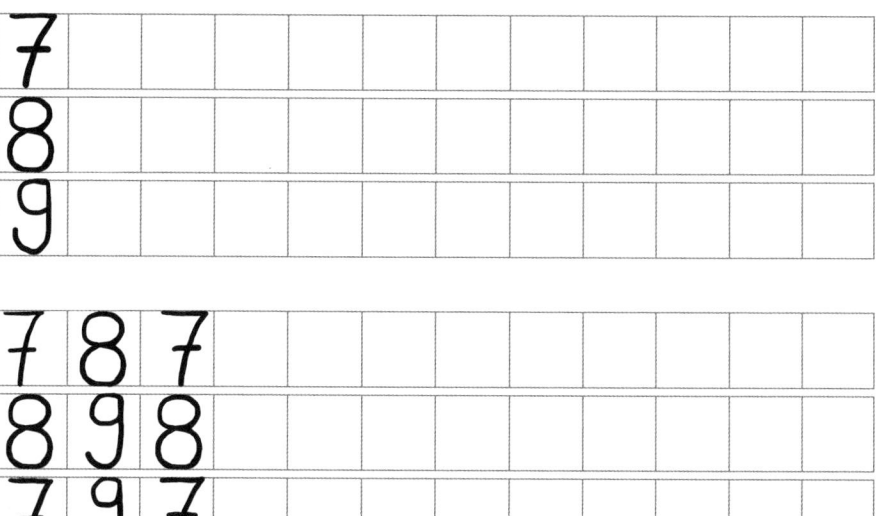

Schreibe den Anfangsbuchstaben in die Kästchen! Diese Buchstaben ergeben in jeder Reihe ein neues Wort.

1

| G | A | | | |

2

| | | | | |

3

| | | | | |

Male immer die größte Zahl in einer Reihe aus!

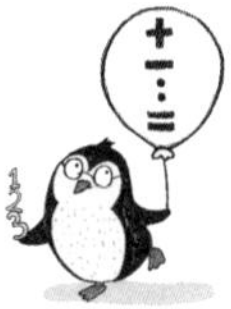

1. GABEL, 2. HAARE, 3. TAFEL

LÖSUNG

Schreibe die Aufgaben auf und rechne!

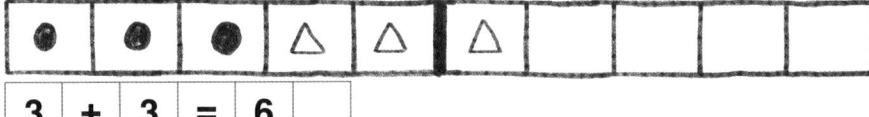

| 3 | + | 3 | = | 6 | |

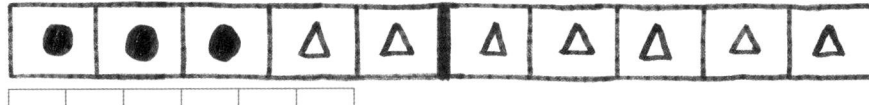

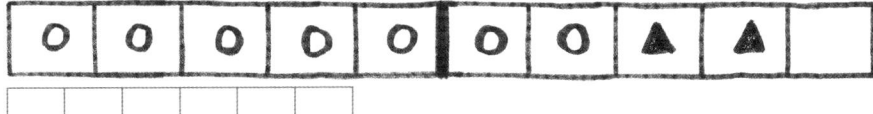

3 + 3 = 6

5 + 3 = 8

3 + 7 = 10

7 + 2 = 9

2 + 2 = 4

5 + 1 = 6

Schreibe die Ziffern 0 und 1!

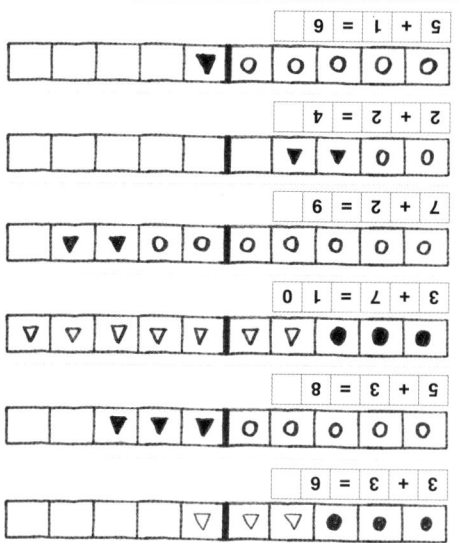

Welche Tiere fangen mit dem Buchstaben **F** an?
Kreuze die Tiere an!

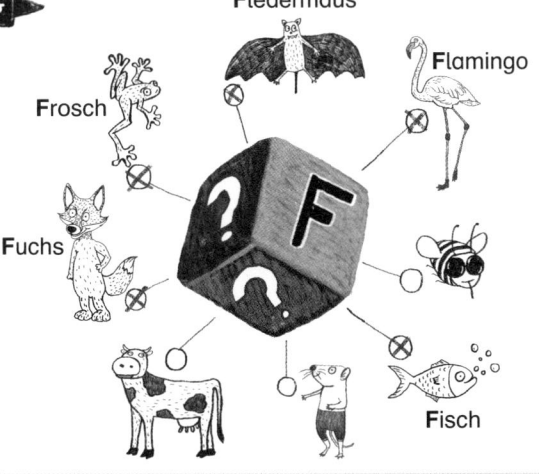

Fledermaus

Flamingo

Frosch

Fuchs

Fisch

Schreibe auf die Linien das große **F** und das kleine **f**!

F

f

Wie viele Gegenstände sind auf den Bildern zu sehen? Kreise zuerst immer 10 (**Z**ehner) Gegenstände ein und zähle den Rest (**E**iner). Schreibe dann die Zahlen in die Kästchen darunter!

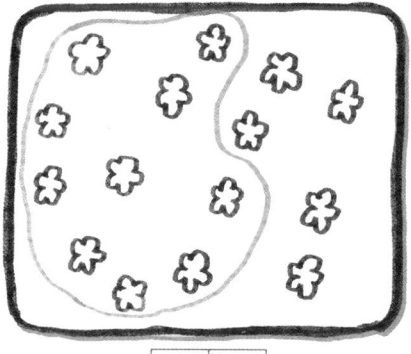

Z	E
1	5

Z	E

Z	E

Z	E

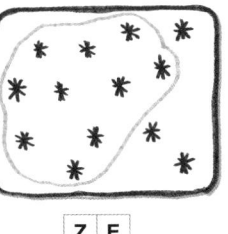

Z	E
1	7

Z	E
1	3

Z	E
1	9

Male den Weg der Maus zum Käse in drei Farben nach!

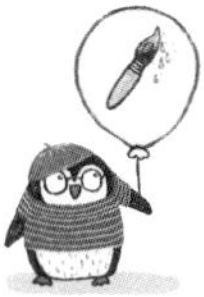

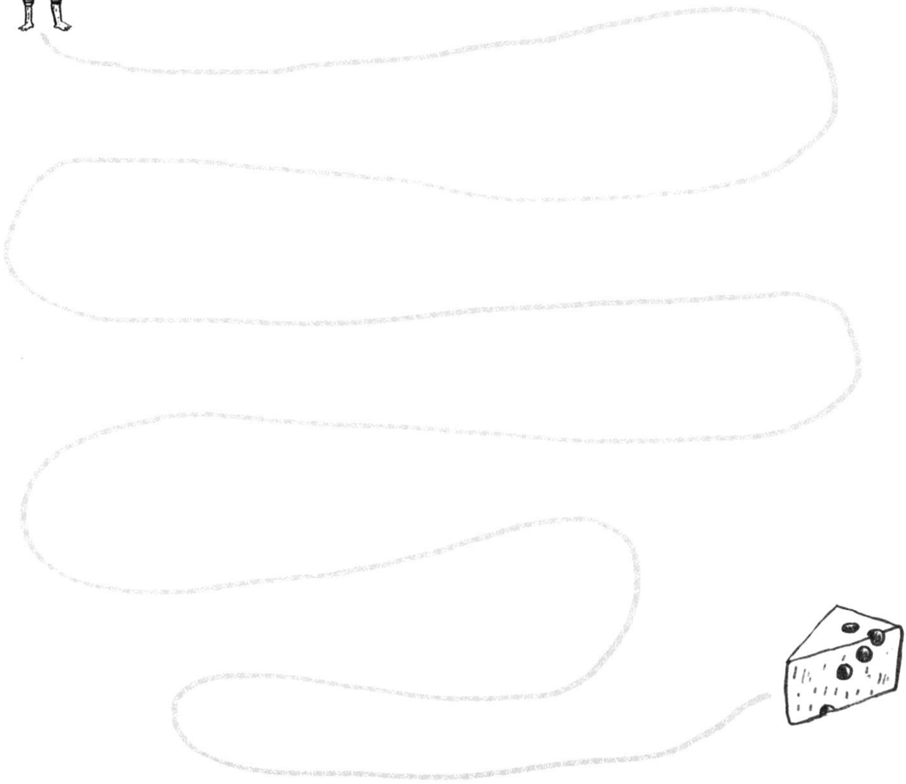

Zu wem gehört welches Spielzeug und wie heißen die Kinder?
Trage die Namen in die Kästchen ein!

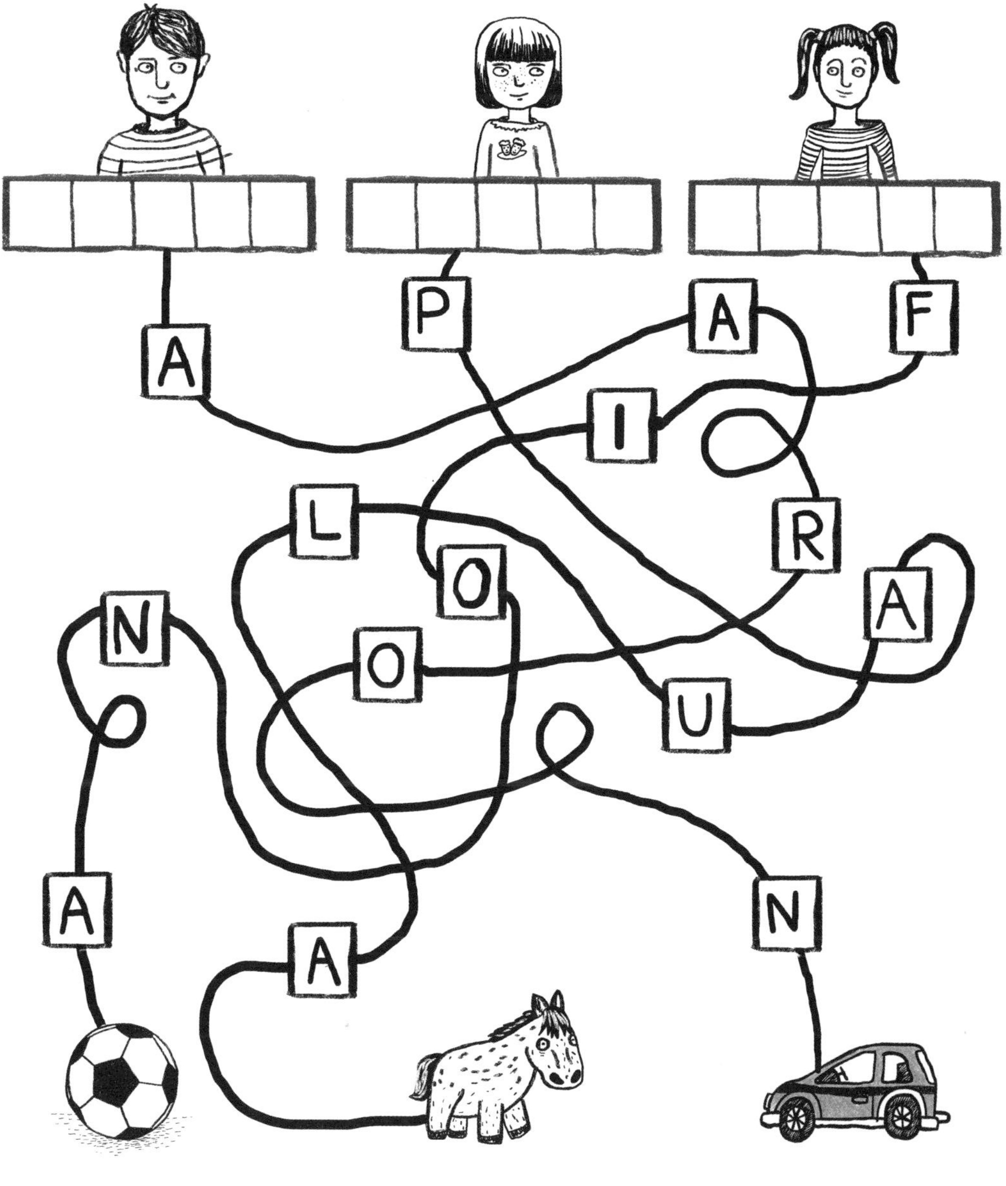

FIONA PAULA AARON

LÖSUNG

Schreibe auf die Linien das große **P**
und das kleine **p**!

P

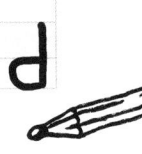

p

Male in jeder Reihe das Bild aus, das den richtigen Anfangsbuchstaben hat!

G

T

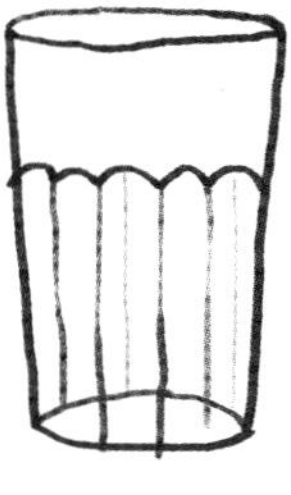

E

Male das Muster auf
dem Handtuch weiter!

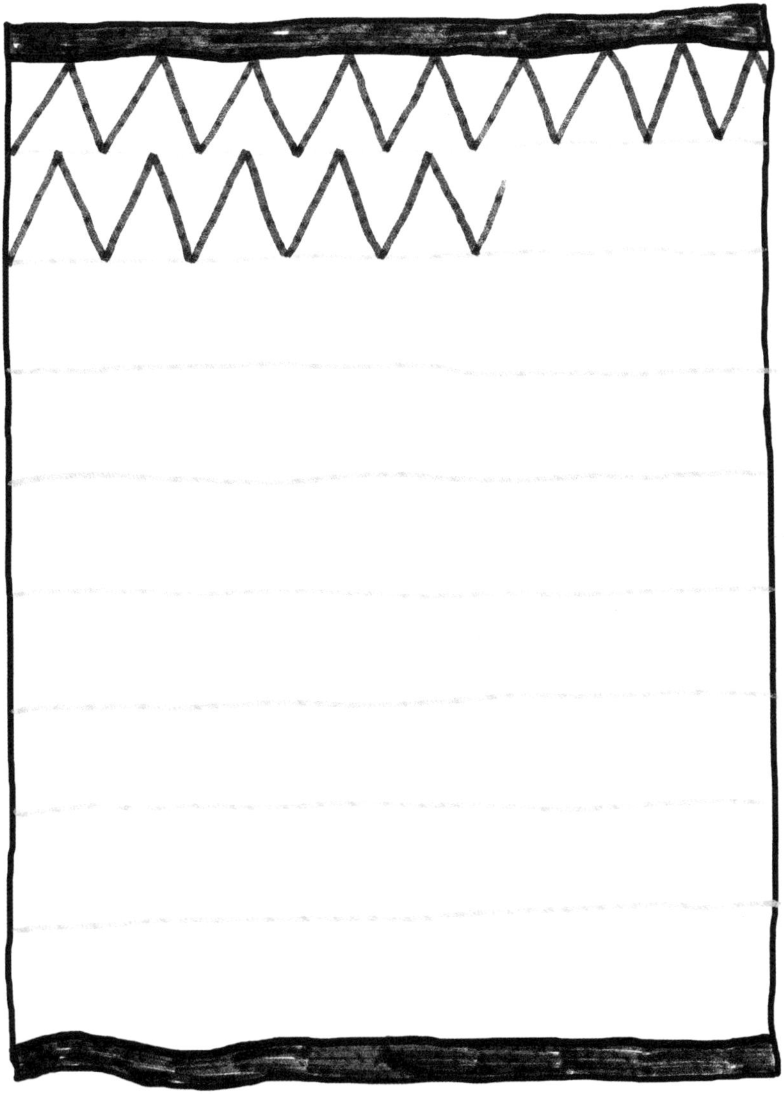

Schreibe die Rechenaufgabe auf
und stelle dann die Tauschaufgabe!

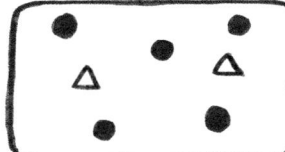

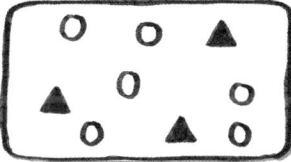

5	+	2	=	7
2	+	5	=	7

	+		=	
	+		=	

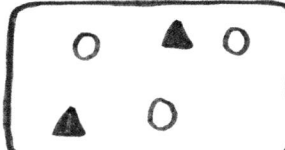

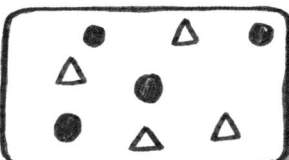

	+		=	
	+		=	

	+		=	
	+		=	

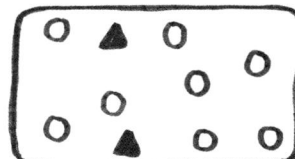

	+		=	
	+		=	

	+		=	
	+		=	

LÖSUNG

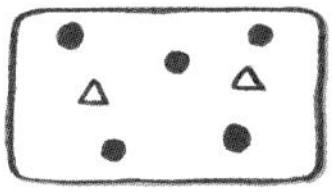

5	+	2	=	7
2	+	5	=	7

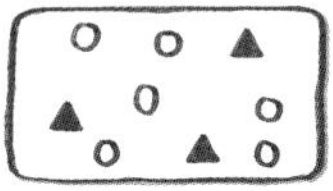

6	+	3	=	9
3	+	6	=	9

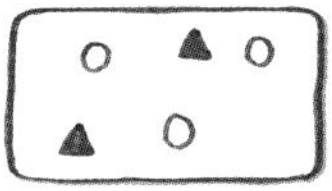

3	+	2	=	5
2	+	3	=	5

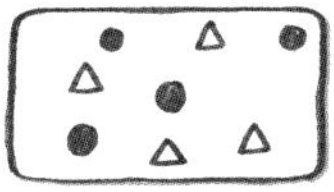

4	+	4	=	8
4	+	4	=	8

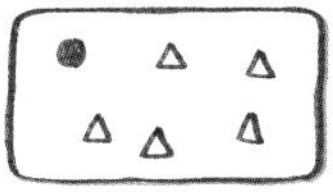

1	+	5	=	6
5	+	1	=	6

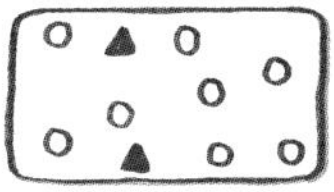

8	+	2	=	1	0
2	+	8	=	1	0

Male dem Drachen
5 Schleifen an!

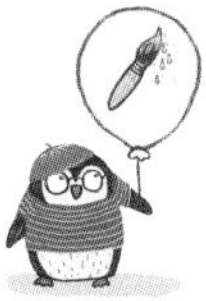

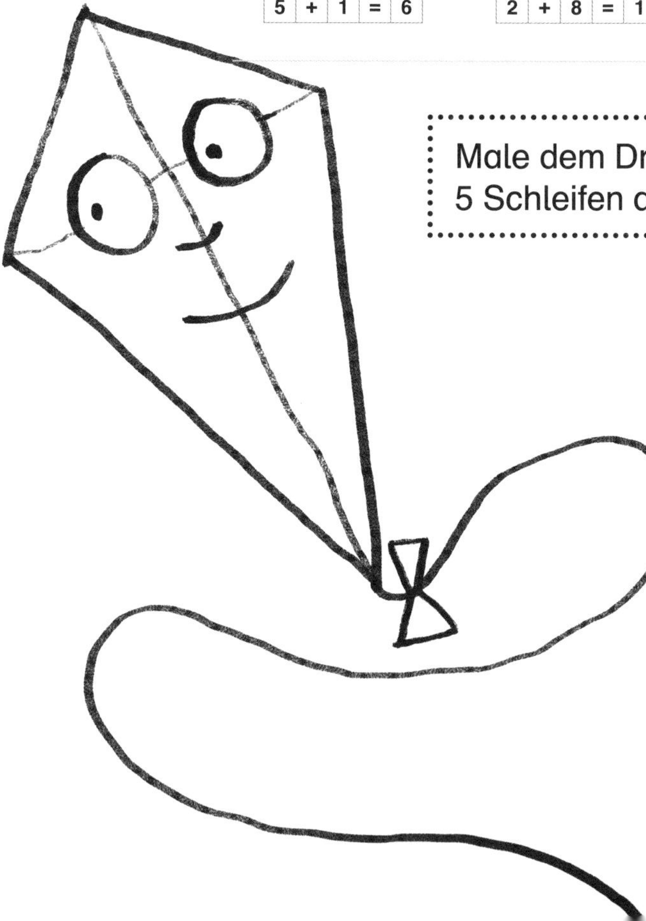

Welche Formen haben vier Ecken?
Male diese Formen rot aus!

Zeichne die Muster bunt weiter!

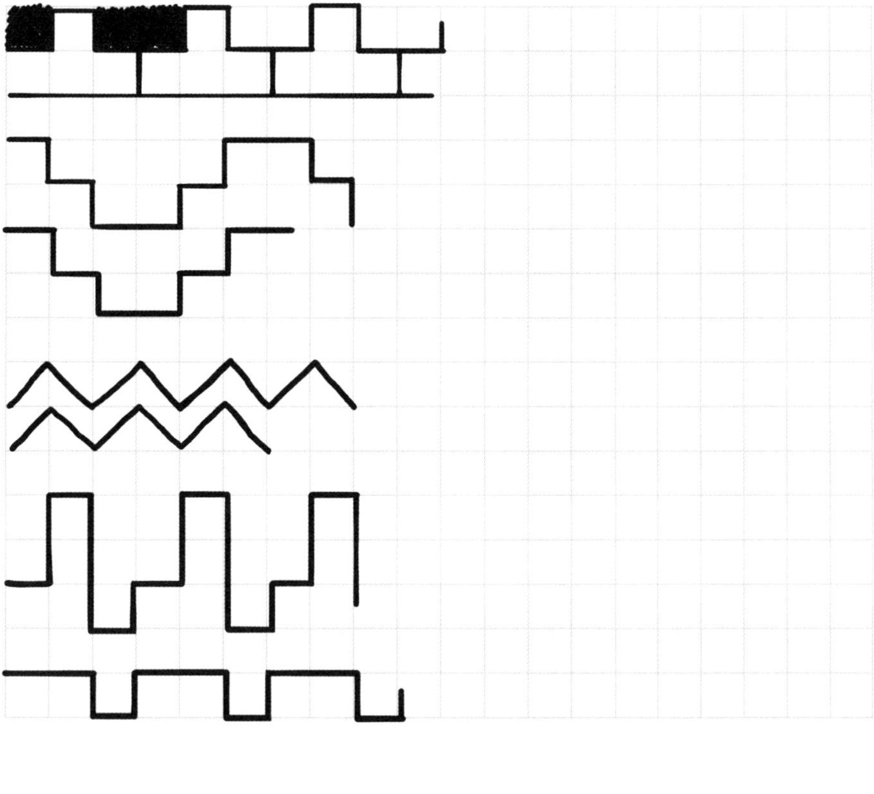

Schreibe die Aufgaben auf und rechne sie!

| 1 | 0 | – | 4 | = | 6 |

| | | – | | = | |

| | | – | | = | |

| | | – | | = | |

| | | – | | = | |

| | | – | | = | |

LÖSUNG

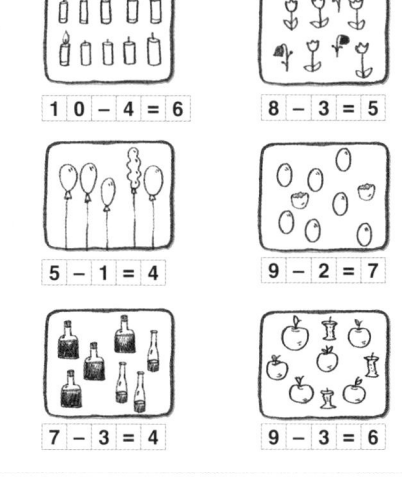

1 0 – 4 = 6

8 – 3 = 5

5 – 1 = 4

9 – 2 = 7

7 – 3 = 4

9 – 3 = 6

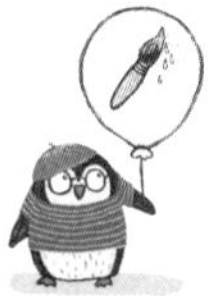

Male alle Fische, die nach links ← schwimmen, bunt aus! Wie viele Fische sind das?

Lösung: ☐

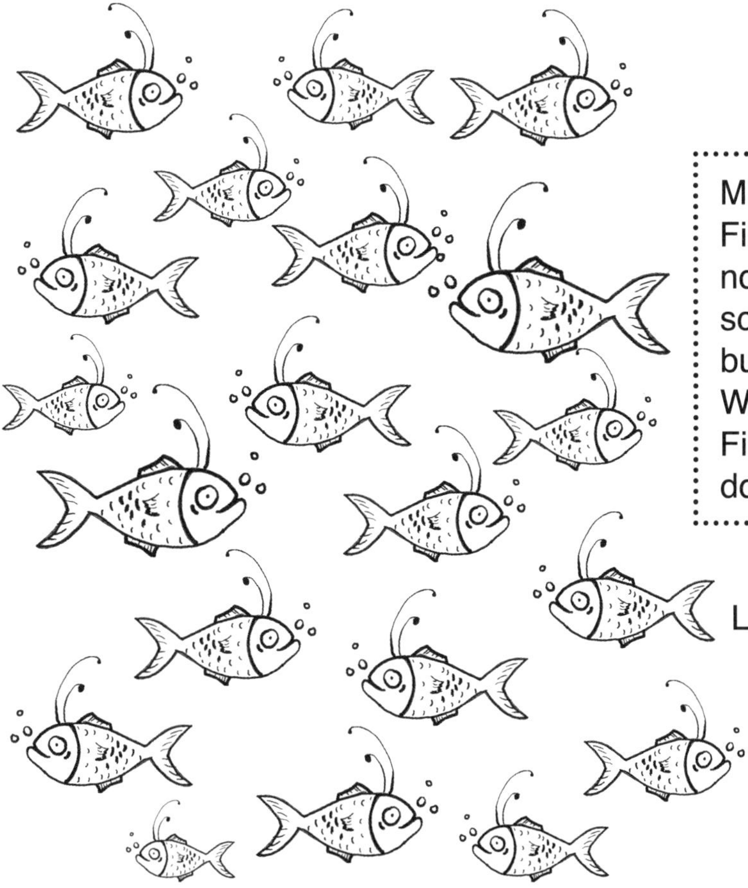

Lösung: 9 Fische

Kreuze die **Tiere** mit einem au an!

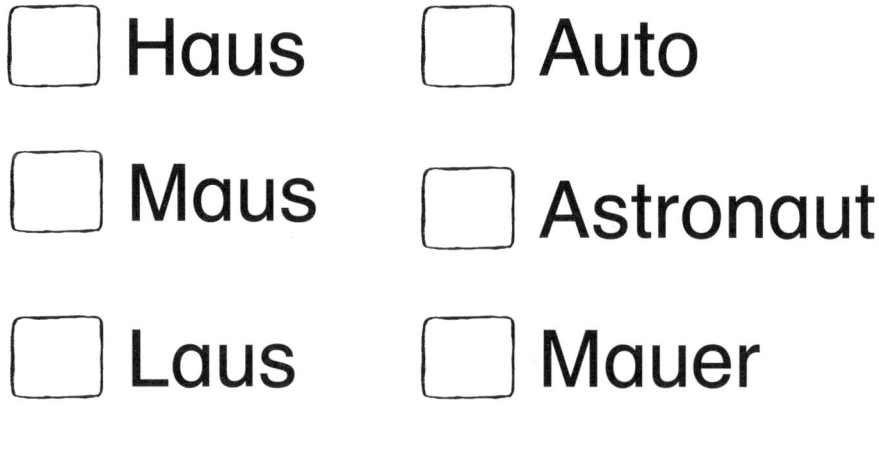

☐ Haus   ☐ Auto

☐ Maus   ☐ Astronaut

☐ Laus   ☐ Mauer

☐ Frau   ☐ Maulwurf

Maus, Laus, Maulwurf

LÖSUNG

> Schreibe auf die Linien **AU** und **au!**

au

AU

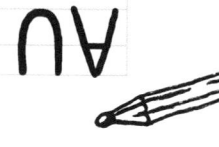

Schreibe die Wörter getrennt auf!

BEISPIEL

blaueBlumenblühenbald

| blaue | Blumen | blühen | bald |

lilaLerchenlandenleise

rosaRosenriechenrosig

fauleFeigenfallenfleißig

dickeDingerduftendoof

lila Lerchen landen leise

rosa Rosen riechen rosig

faule Feigen fallen fleißig

dicke Dinger duften doof

Zeichne dem Uhu die Federn ein
und male sie dann bunt aus!

Kreuze an, was richtig ist!

1. Was ist gelb?

 ☐  ☐

2. Was ist lauter?

 ☐  ☐

3. Wer ist wärmer?

 ☐  ☐

4. Wer kann fliegen?

 ☐  ☐

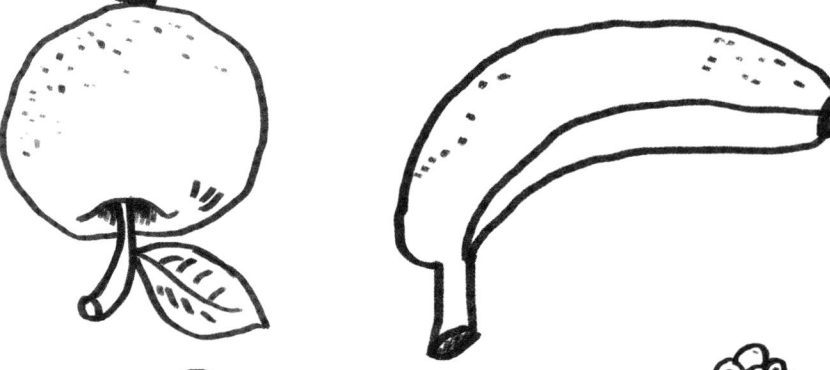

Male das Obst bunt aus!

 1.  2. 3. 4.  LÖSUNG

....
: Welche Aufgabe ist richtig? Kreuze an! :
....

< kleiner als
> größer als

2 + 5 < 8   3 + 2 > 6
= 7 < 8 richtig   = 5 > 6 falsch

....

A ☐   ☐

7	+	2	>	1	0	5	+	3	>	7
			>	1	0				>	7

B ☐   ☐

9	−	6	<	4	1	0	−	8	>	3
			<	4					>	3

C ☐   ☐

5	+	5	<	5	8	−	4	>	2
			<	5				>	2

D ☐   ☐

9	+	5	>	5	2	0	−	6	>	1	5
			>	5					>	1	5

LÖSUNG

A. $5 + 3 > 7$ ($\rightarrow 8 > 7$) **B.** $9 - 6 < 4$ ($\rightarrow 3 < 4$)
C. $8 - 4 > 2$ ($\rightarrow 4 > 2$) **D.** $9 + 5 > 14$ ($\rightarrow 14 > 5$)

46

Was braucht ein Koch <u>nicht</u>?
Streiche das falsche Bild durch!

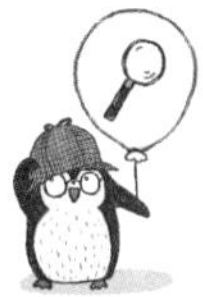

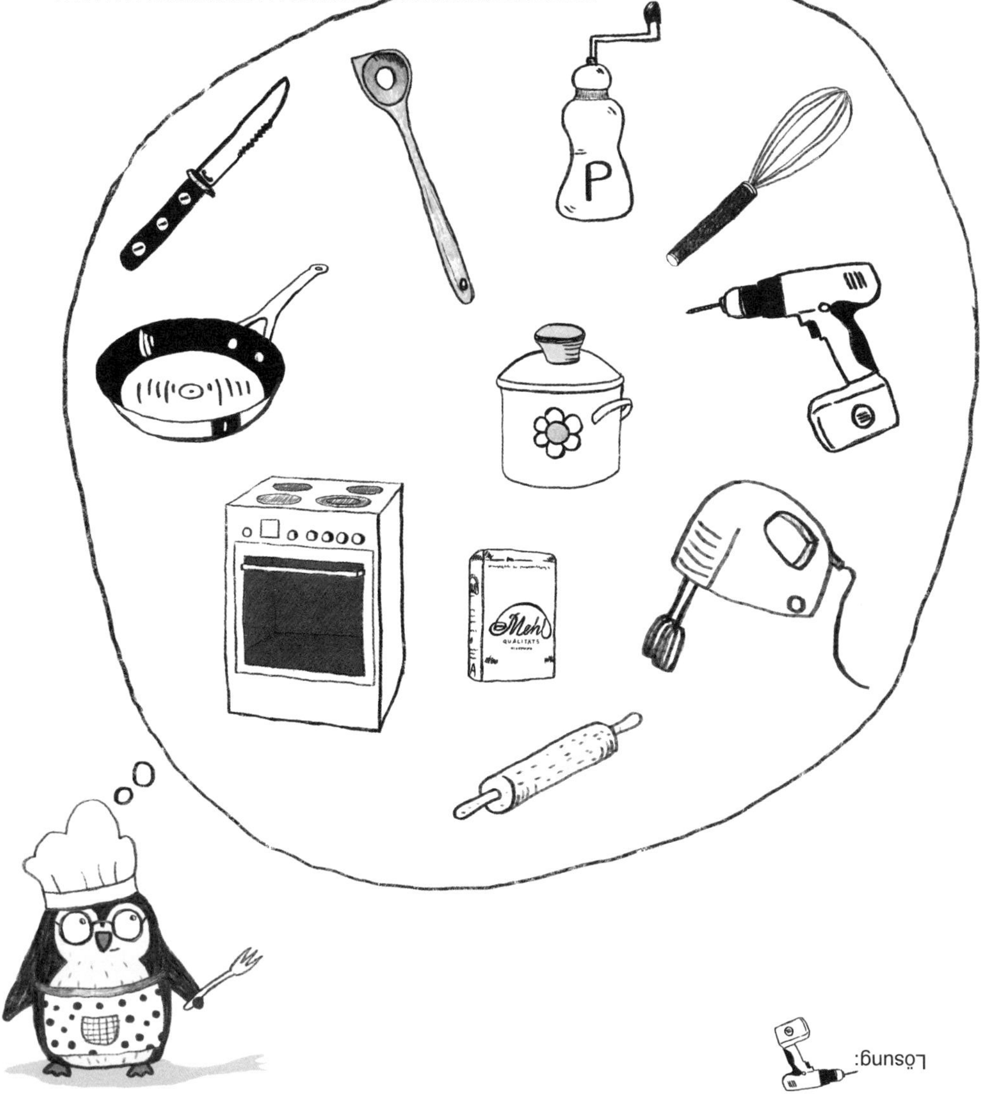

Unten steht, wie viele Perlen die Kette
jeweils haben soll. Streiche die überzähligen
Perlen weg.

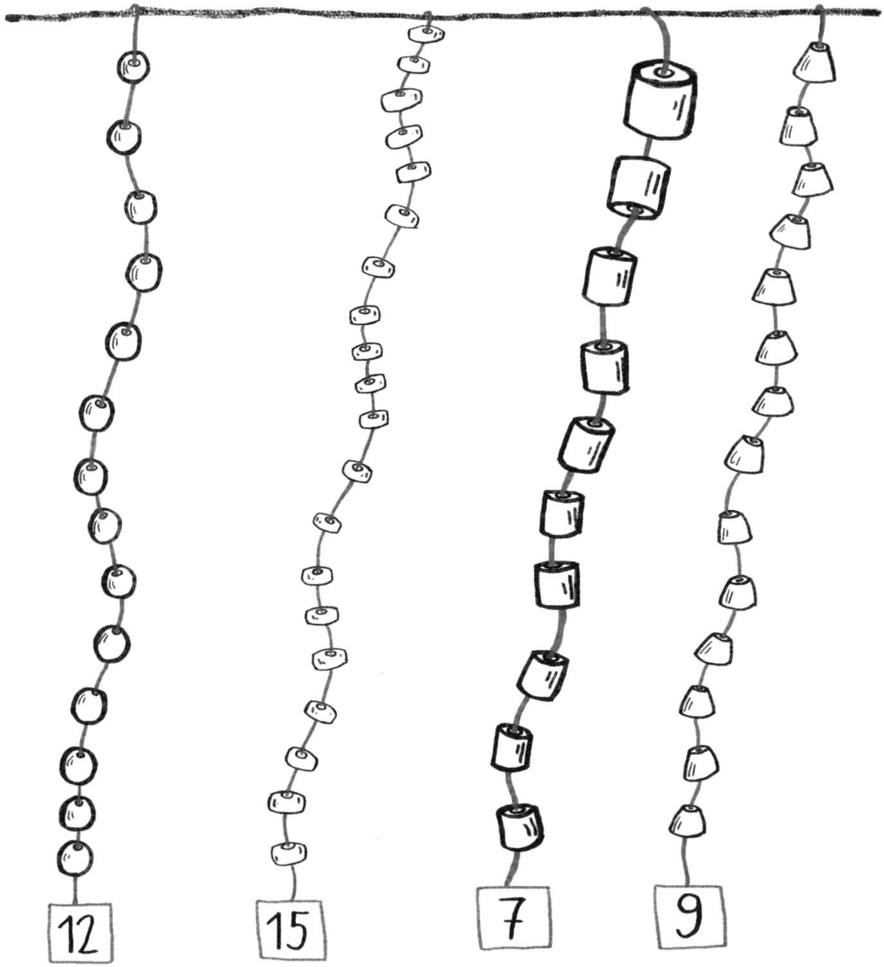

12

15

7

9

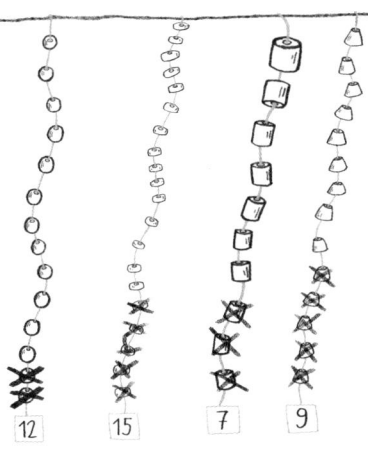

12   15   7   9

Male eine bunte P E R L E N K E T T E !

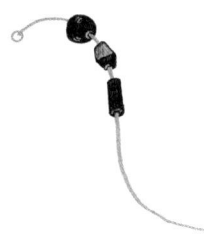

49

Kreuze die Tiere an, die mit Sch anfangen!

Schaf

Schmetterling

Schlange

Schnecke

Schwein

Schildkröte

Schreibe auf die Linien das große **Sch** und das kleine **sch**!

Sch

sch

Ergänze die fehlenden Zahlen bis 20!

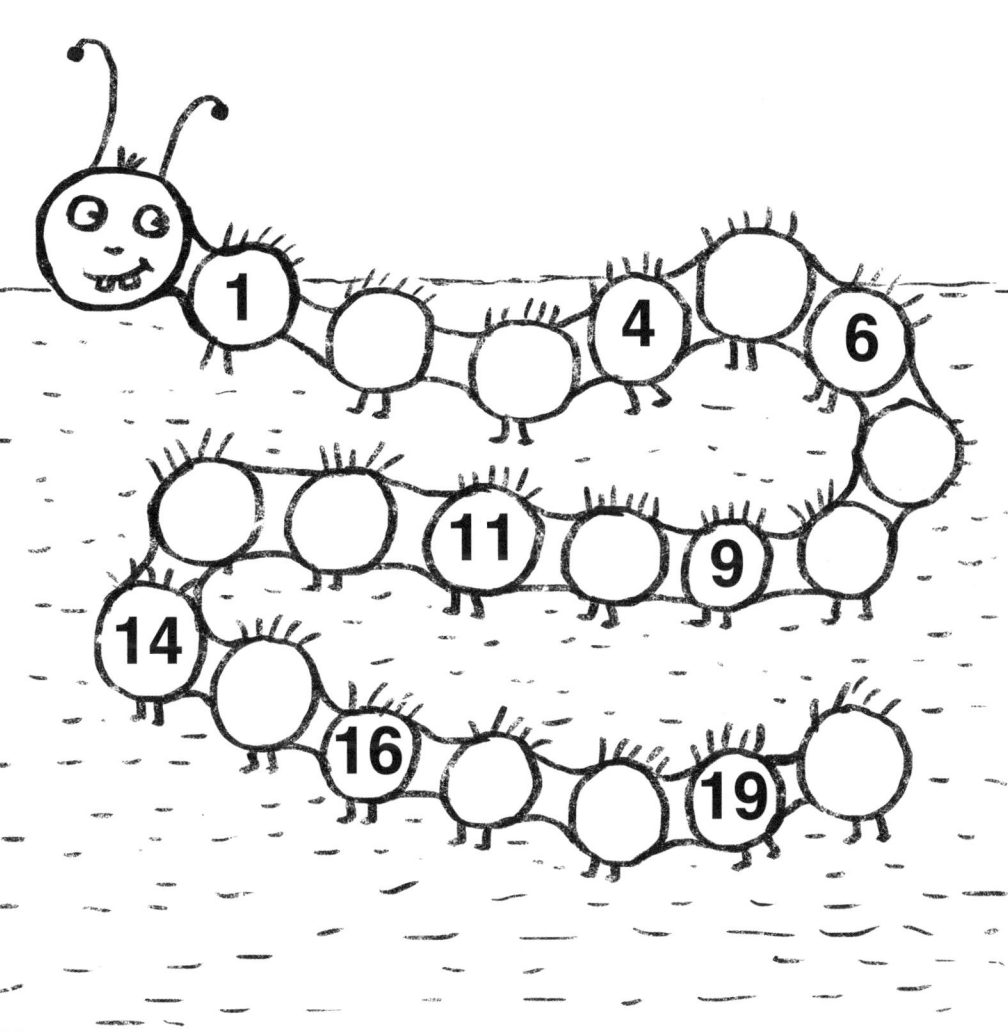

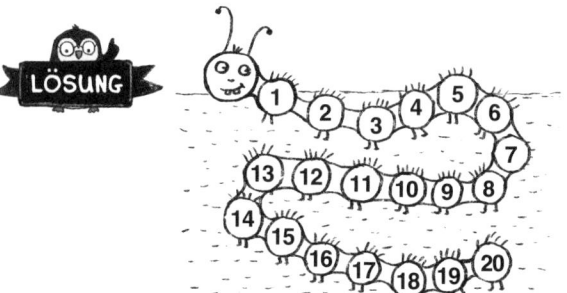

Alle Tiere fangen mit dem Buchstaben **E** an – nur eines nicht. Kreise dieses Tier ein und male die anderen Tiere bunt aus.

Lösung: **A**ffe

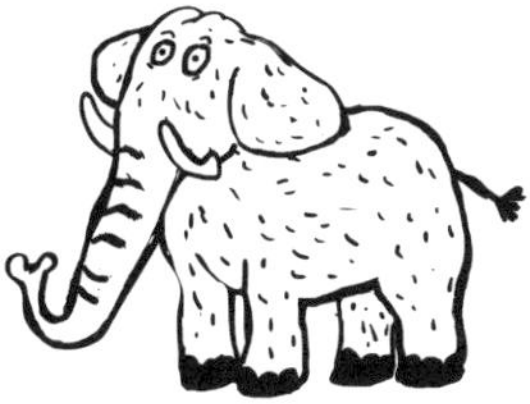

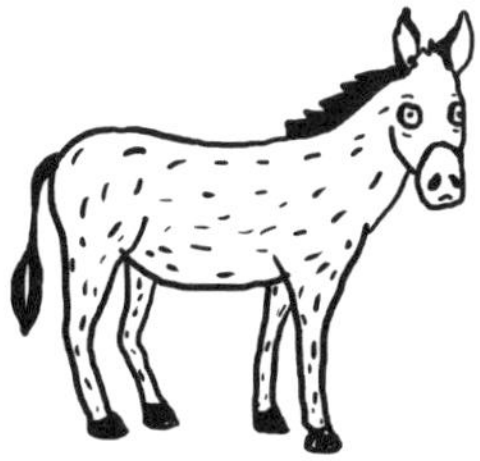

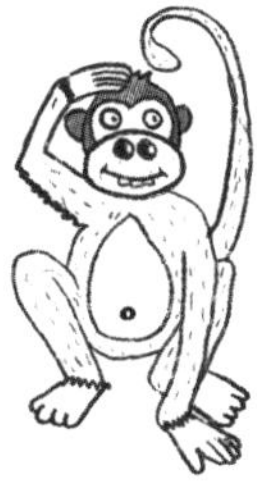

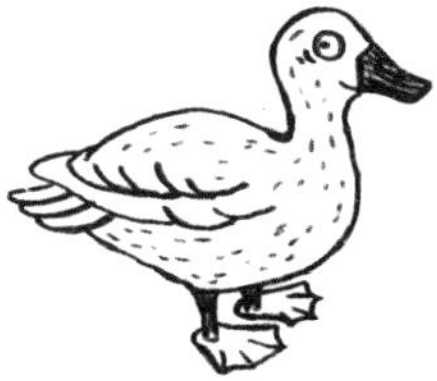

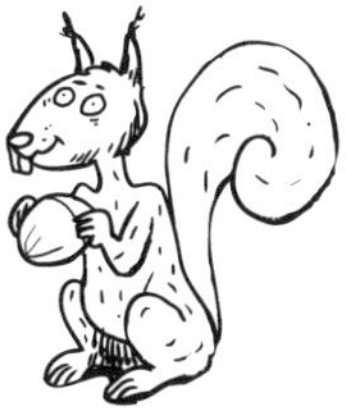

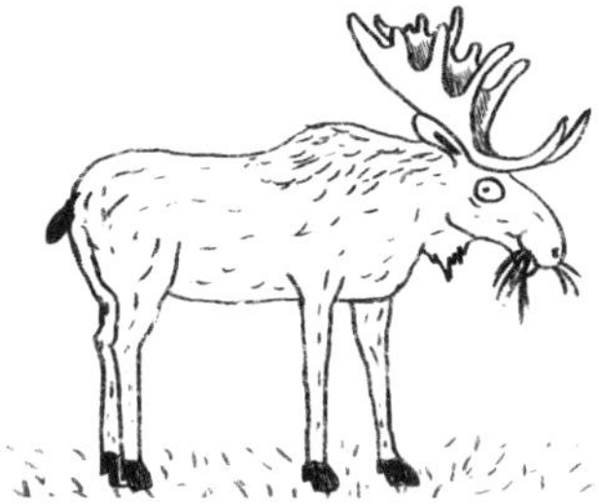

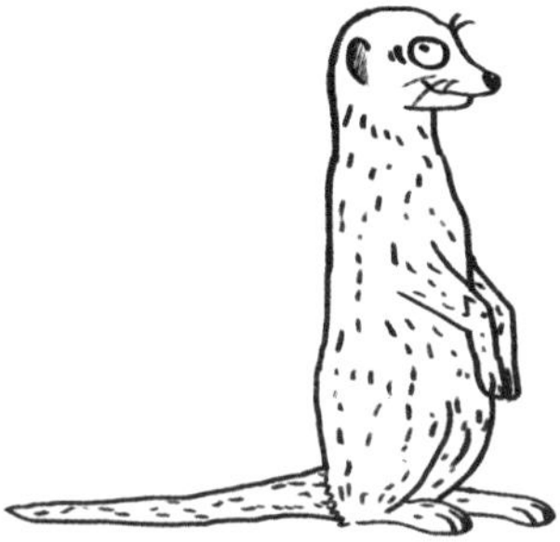

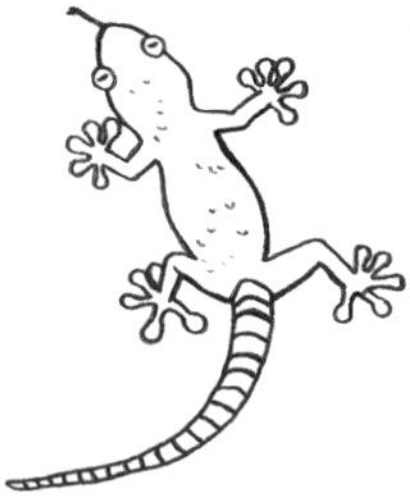

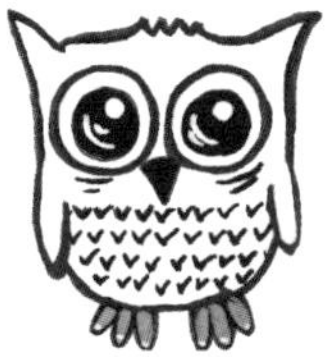

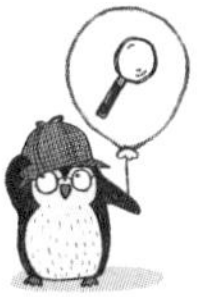

Verbinde immer zwei passende Reimwörter!

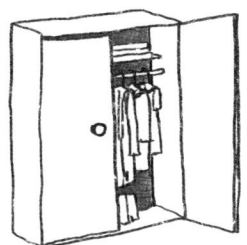 

Male die rechte Hälfte des Schmetterlings genauso wie die linke und dann bunt aus!

Zusammen müssen alle Zahlen in einem Tortenstück immer 10 ergeben. Wie heißt die dritte Zahl?

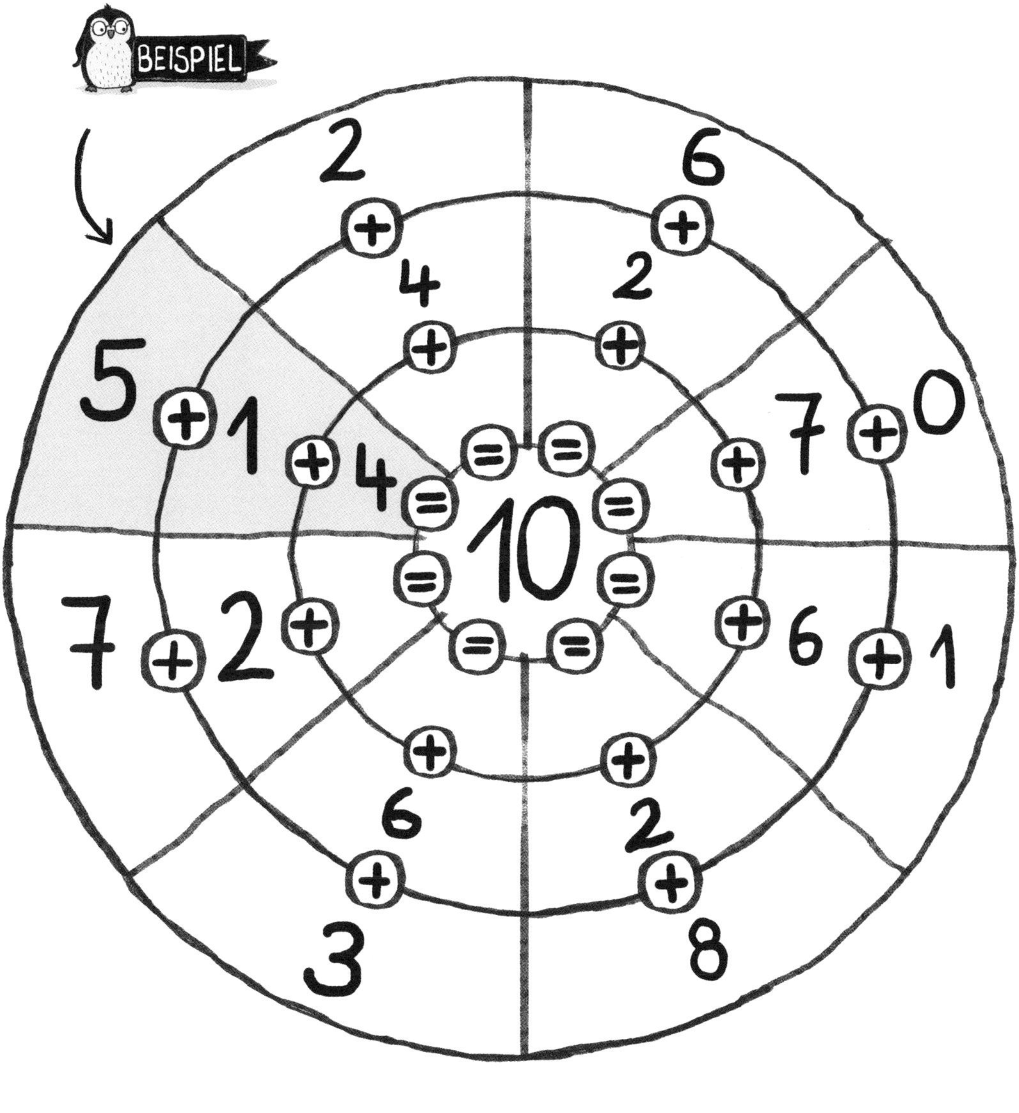

BEISPIEL

2
6
+
+
4
2
+
+
5 (+) 1
7 (+) 0
(+) 4
= =
(+)
10
= =
7 (+) 2 (+)
= =
(+) 6 (+) 1
(+)
(+)
6
2
+
+
3
8

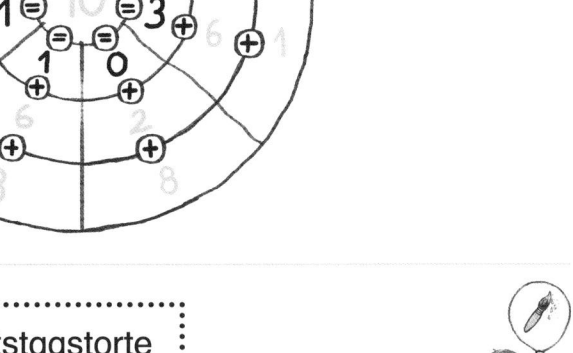

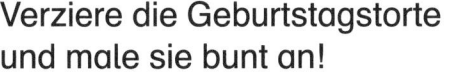

Verziere die Geburtstagstorte und male sie bunt an!

57

Welches Wort hat die meisten Silben?
Spreche das Wort laut aus, male
Silbenbögen unter jedes Bild und
schreibe die Silbenanzahl auf!

BEISPIEL

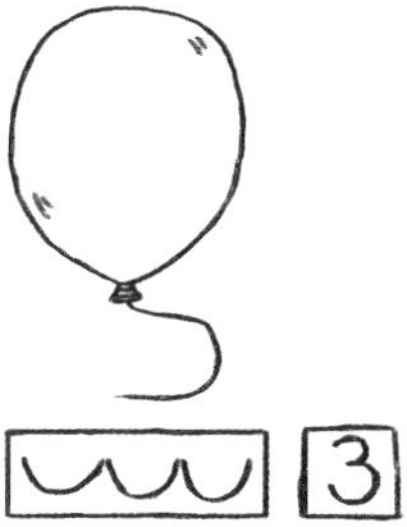

⌣⌣⌣ 3

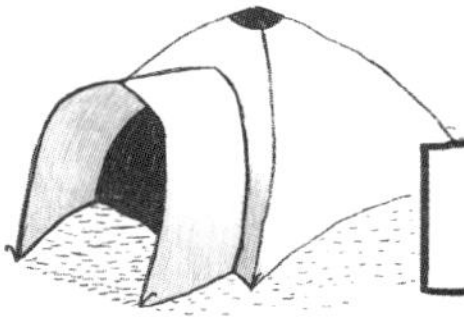

LÖSUNG

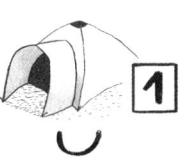 1

Zelt

 3

Son nen schirm

 2

Ei chel

4

Ba de an zug

5

Po li zei au to

2

Fuß ball

Male ein rotes Feuerwehrauto!

Rechne die Aufgaben und male die Blätter mit dem Ergebnis bunt an! Dann findet der Vogel den Weg zu seinem Nest.

7	+	2	=	

3	+	1	2	=	

1	9	−	9	=	

5	+	7	=	

2	0	−	4	=	

7	+	1	0	=	

1	1	−	7	=	

1	7	−	6	=	

7	−	0	=	

2	0	−	1	8	=	

7	+	2		=	9	
3	+	1	2	=	1	5
1	9	–	9	=	1	0
5	+	7		=	1	2
2	0	–	4	=	1	6
7	+	1	0	=	1	7
1	1	–	7		=	4
1	7	–	6	=	1	1
7	–	0		=	7	
2	0	–	1	8	=	2

Male einen Baum mit buntem Herbstlaub!

Welcher Buchstabe fehlt in jeder Reihe?
Schreibe ihn auf! Welches neue Wort
kannst du lesen?

A B C D E F G H I J K L M N O Q R S T U V W X Y Z ☐ **1**

B C D E F G H I J K L M N O P Q R S T U V W X Y Z ☐ **2**

A B C D E F G H I J K L M N O P Q R S T V W X Z ☐ **3**

A B C D E F G H I J K L M N O P Q R T U V W X Z ☐ **4**

A B C D F G H I J K L M N O P Q R S T U V W X Z ☐ **5**

Neues Wort:

1 ☐ **2** ☐ **3** ☐ **4** ☐ **5** ☐

P A U S E

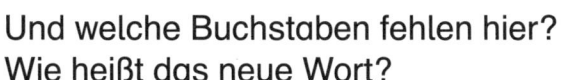

Und welche Buchstaben fehlen hier?
Wie heißt das neue Wort?

A B C D E F G H I J K L M N O P Q R T U V W X Y Z

A B C D E F G H I J K L M N O P Q R S U V W X Y Z

A B C D F G H I J K L M N O P Q R S T U V W X Y Z

A B C D E F G H I J K L M N O P Q S T U V W X Y Z

A B C D E F G H I J K L M O P Q R S T U V W X Y Z

Neues Wort:

 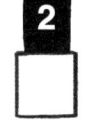   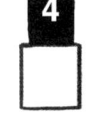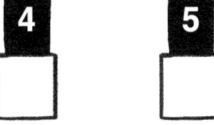

Immer zwei Stiefel haben dasselbe Muster.
Male sie aus! Welcher Stiefel bleibt übrig?

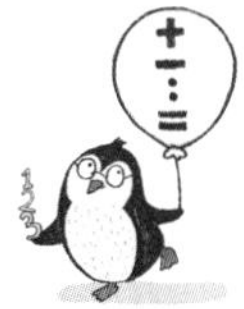

Male immer einen Kreis um 2 Handschuhe!
Wie viele Paare kannst du erkennen?
Schreibe die Zahl in das Kästchen.

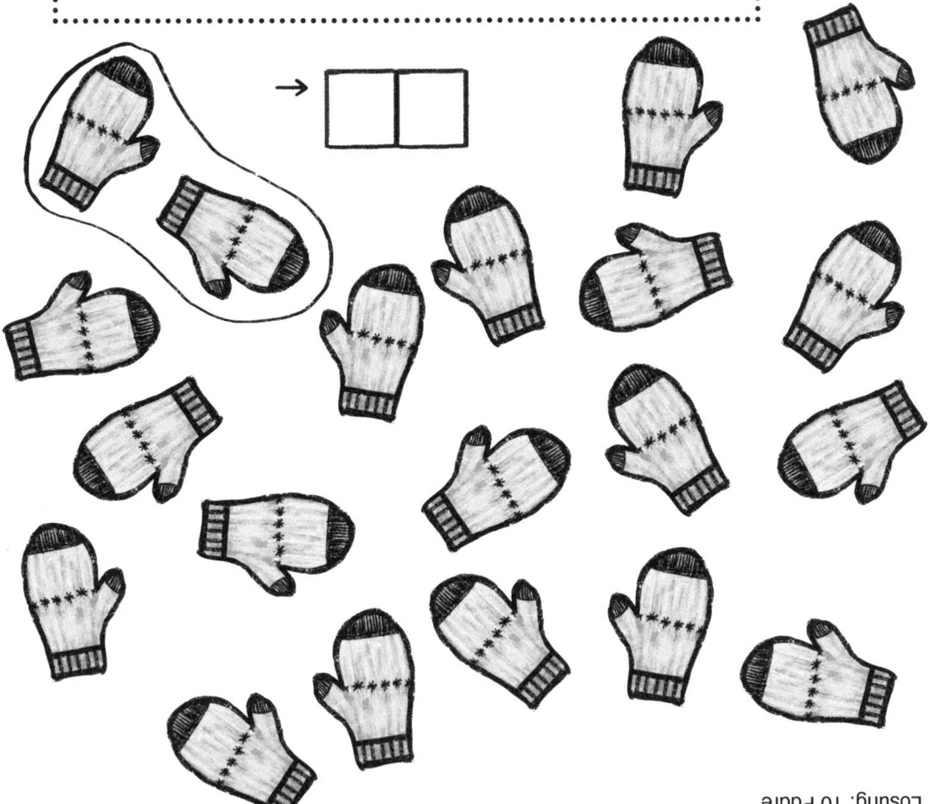

→ ☐☐

Zähle die Gegenstände und schreibe
die richtige Zahl in das Kästchen!

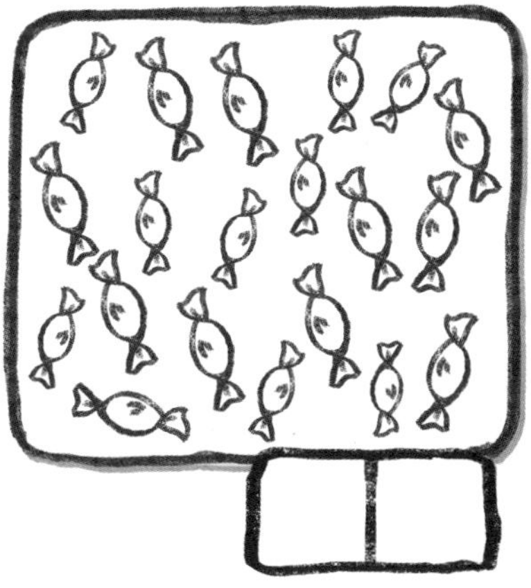

Lösung: 7 Fische

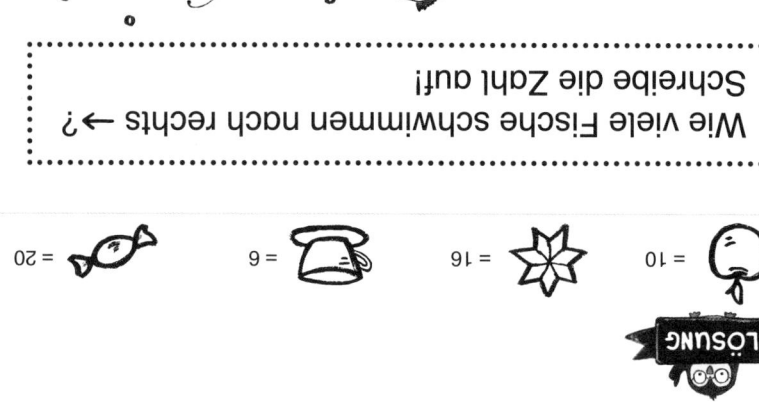

Wie viele Fische schwimmen nach rechts →?
Schreibe die Zahl auf!

= 20

= 6

= 16

= 10

LÖSUNG

66

Nur ein Bild ergibt zusammen mit dem ersten Bild ein neues Wort.
Kreuze es an und male alle Bilder aus!!

A

B

 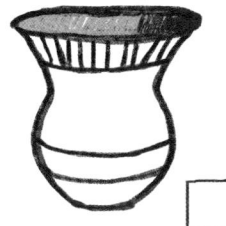 

C

D

 **A** Ohrmuschel

 **B** Blumenvase

 **C** Handtasche

 **D** Pirateninsel

Male eine Insel im Meer!

Welche Blumen gibt es genau 3 mal?
Male nur diese Blumen aus!

LÖSUNG

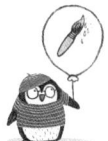

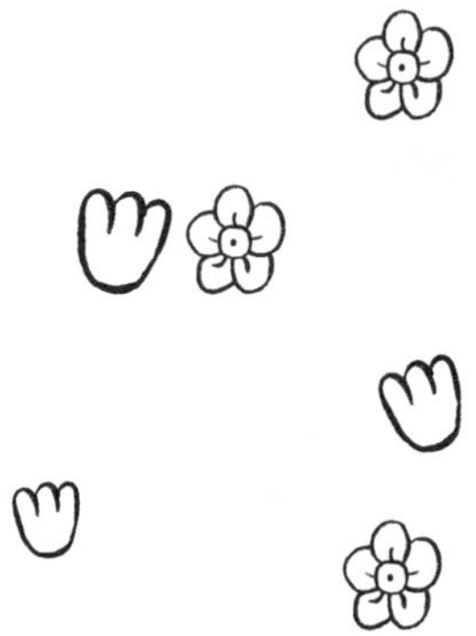

Male das Muster auf der Vase weiter!

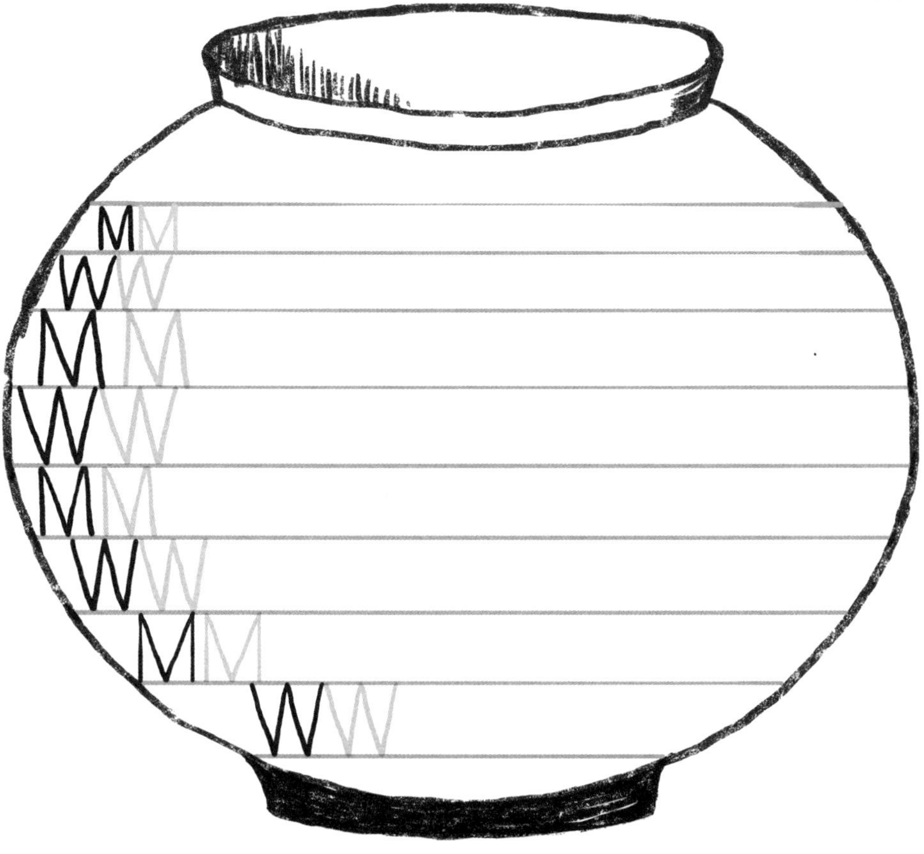

71

Streiche immer so viele Gegenstände im
Kasten durch, dass das Ergebnis stimmt!
Schreibe dann die Aufgabe in Zahlen auf!

BEISPIEL

$+$ = 7

$\boxed{3}$ $+$ $\boxed{4}$ $= 7$

A

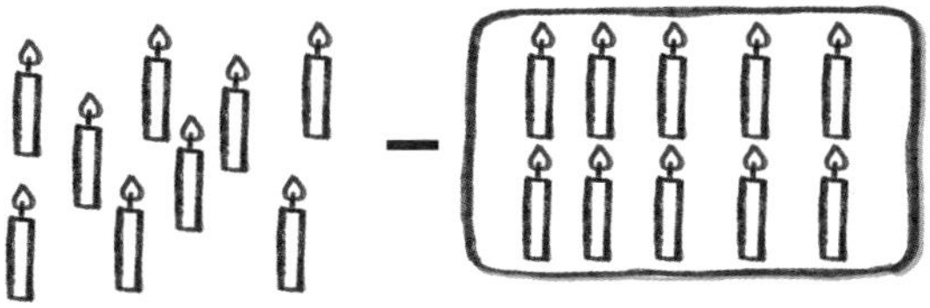

$-$ $= 6$

$\bigcirc$ $-$ $\bigcirc$ $= 6$

B

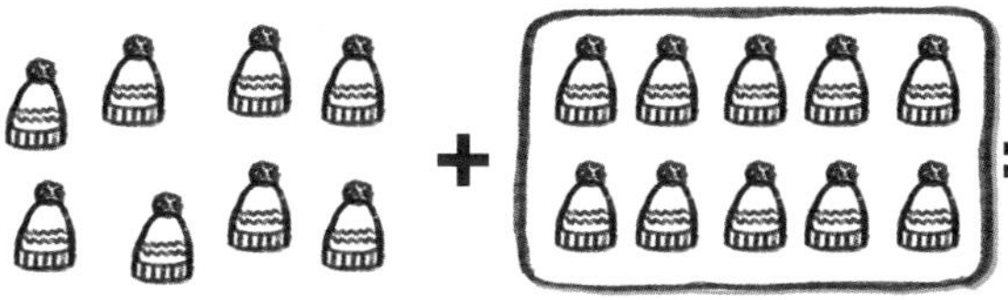

$+$ $= 16$

$\bigcirc$ $+$ $\bigcirc$ $= 16$

C

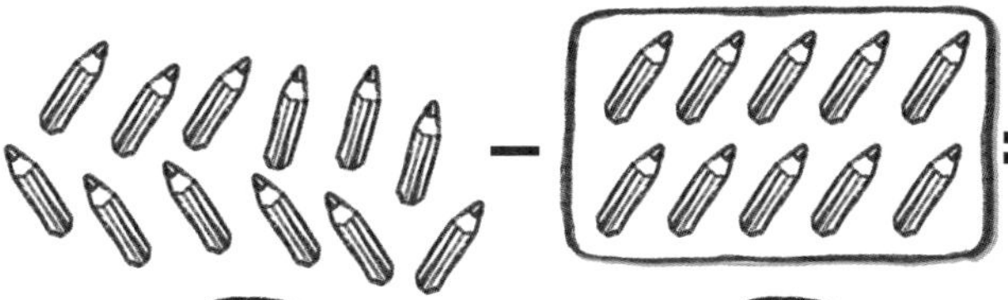

$-$ $= 12$

$\bigcirc$ $-$ $\bigcirc$ $= 12$

LÖSUNG

A (Kerzen) − (Kerzen) = 6

$$9 - 3 = 6$$

B (Mützen) + (Mützen) = 16

$$8 + 8 = 16$$

C (Stifte) − (Stifte) = 12

$$12 - 0 = 12$$

Schreibe auf die Linien das große **G** und das kleine **g**!

G

g

Umkreise die „Buchstaben-Dreier", die in der richtigen Alphabet-Reihenfolge stehen!

IDB

ABC

(FGH)

JHK

XYZ

URG

OPQ

KLN

MNO

UVW

RST

SFT

Wie viele Plätzchen von jeder
Art kannst du erkennen?

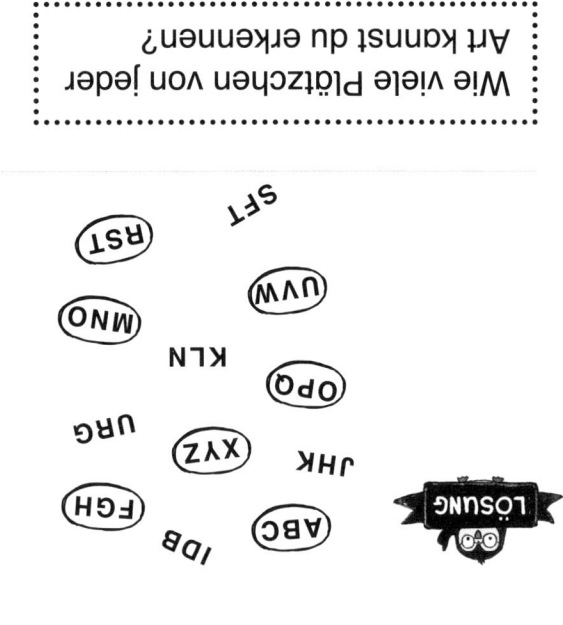

LÖSUNG

In den Dächern der Hochhäuser steht jeweils eine Zahl. Zerlege sie!

9

9	0
8	1
7	2
6	

8

8	

7

7	

6

6	

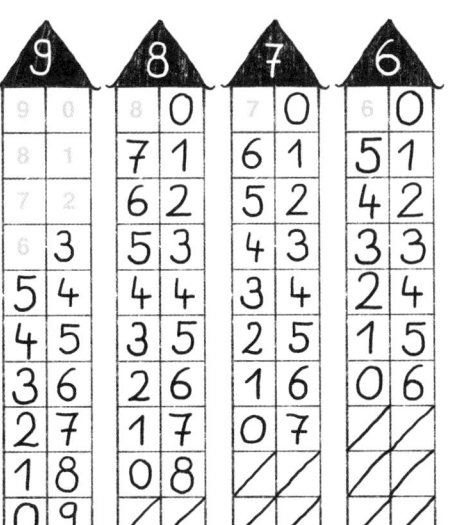

LÖSUNG

9		8		7		6	
9	0	8	0	7	0	6	0
8	1	7	1	6	1	5	1
7	2	6	2	5	2	4	2
6	3	5	3	4	3	3	3
5	4	4	4	3	4	2	4
4	5	3	5	2	5	1	5
3	6	2	6	1	6	0	6
2	7	1	7	0	7		
1	8	0	8				
0	9						

Kreise die kleinste und die größte Zahl ein!

19   9   11   3

17   13   8   15

4

14   16   7   6

18   10   5   12

Lösung: kleinste Zahl = 3, größte Zahl = 19

Jeweils ein Wecker und eine Uhr zeigen die gleiche Zeit. Verbinde sie mit einem Strich!

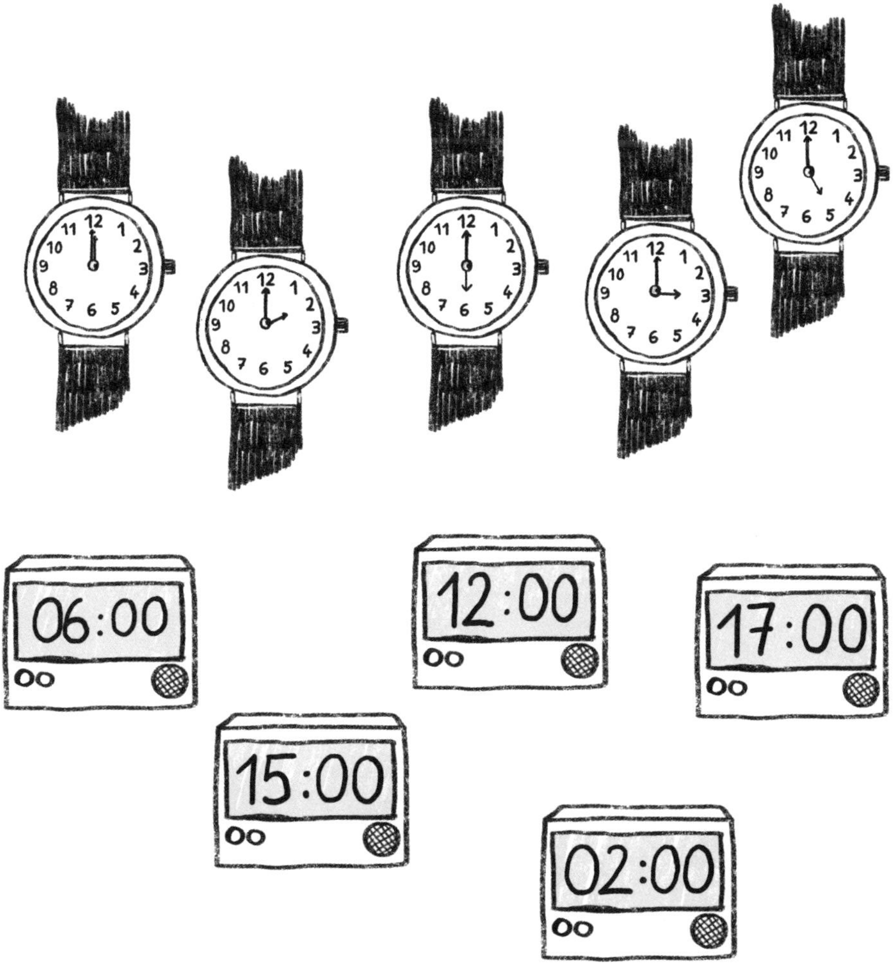

06:00

12:00

17:00

15:00

02:00

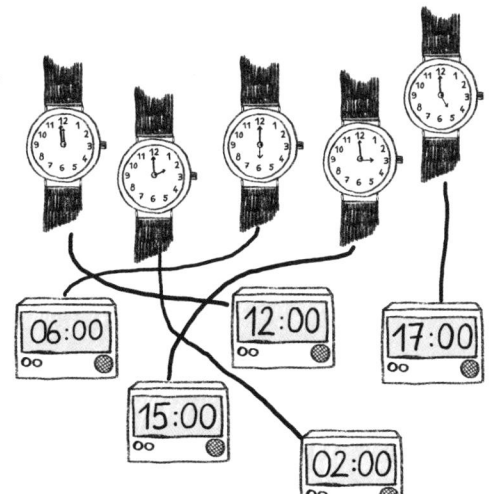

Zeichne in die Uhr die Zahlen von 1–12 ein und zeichne die Zeiger so ein, dass sie 10 Uhr anzeigen.

Lösung:

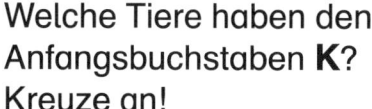

Welche Tiere haben den Anfangsbuchstaben **K**? Kreuze an!

 **Katze**  **Krebs**  **Kuh**  **Kamel** **Krokodil**

Schreibe auf die Linien das große **K** und das kleine **k**!

K

k

Wie oft ist jeder Buchstabe in der Suppe vorhanden? Trage die Anzahl ein und rechne die Zahlen zusammen!

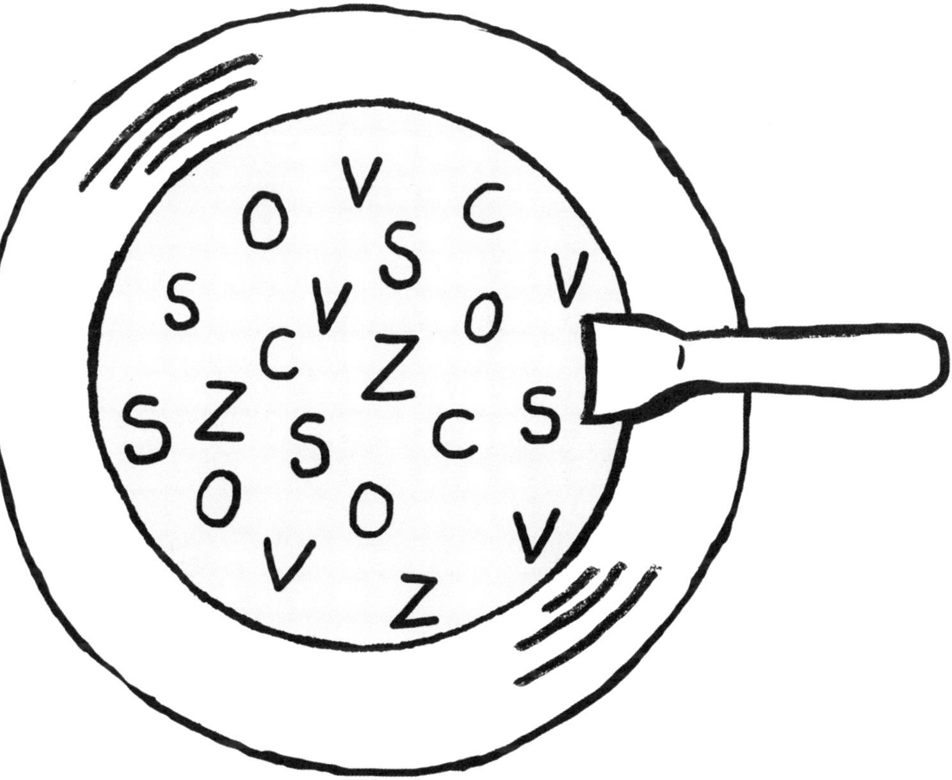

C + O + S + V + Z = ☐☐

$$\frac{3}{C} \quad \frac{4}{O} \quad \frac{5}{S} \quad \frac{5}{V} \quad \frac{3}{Z}$$

$$3 + 4 + 5 + 5 + 3 = 20$$

Schreibe die Namen deiner Freunde auf und zähle, wie oft jeder Buchstabe vorhanden ist.

 BEISPIEL

MOHAMMAD	M	O	H	A	D			
	3	1	1	2	1			

Wie heißen die Gemüsesorten?
Trage die fehlenden Buchstaben ein!

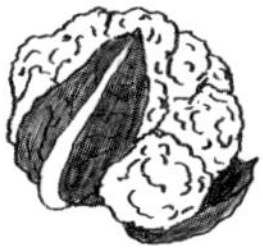

| B | | M | | K | H | |

| | O | | | T | |

| K | | R | | T | | |

| | | P | | | K | |

| | A | | T | | F | | | | N |

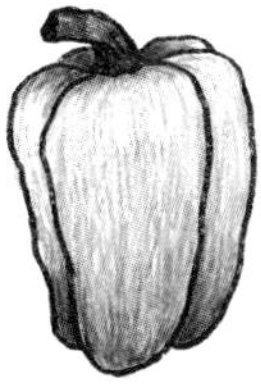

 **LÖSUNG**

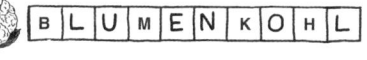 B L U M E N K O H L

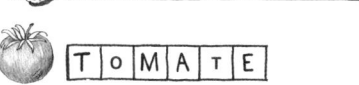 T O M A T E

 K A R O T T E

P A P R I K A

K A R T O F F E L N

Kreise das Gemüse ein, das du gern magst!

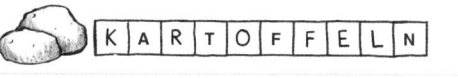
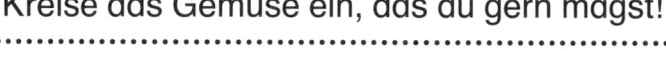

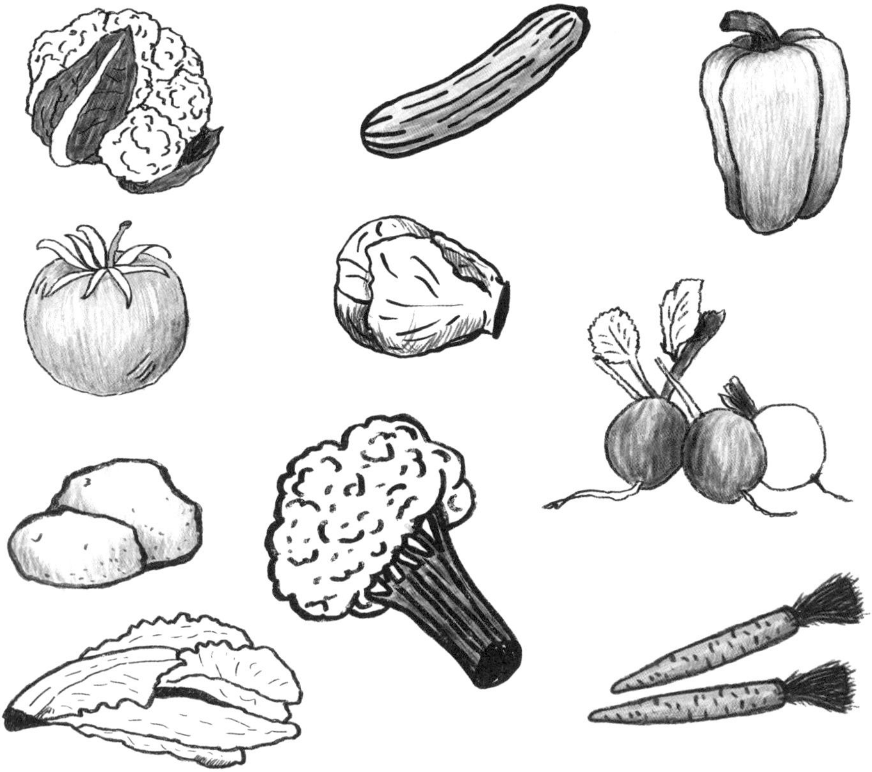

Die Biene fliegt von Blüte zu Blüte. Löse die Aufgaben und zeichne den Flug vom kleinsten (0) zum größten Ergebnis (9) ein!

$7 \oplus 2$
=

$10 \ominus 8$
=

$0 \oplus 4$
=

$8 \ominus 8$
=

$3 \oplus 4$
=

$4 \oplus 4$
=

$3 \oplus 2$
=

$7 \ominus 1$
=

$8 \ominus 7$
=

$9 \ominus 6$
=

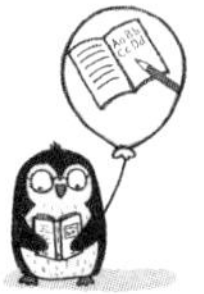

Wie heißt das Tier? Schreibe das Wort auf!

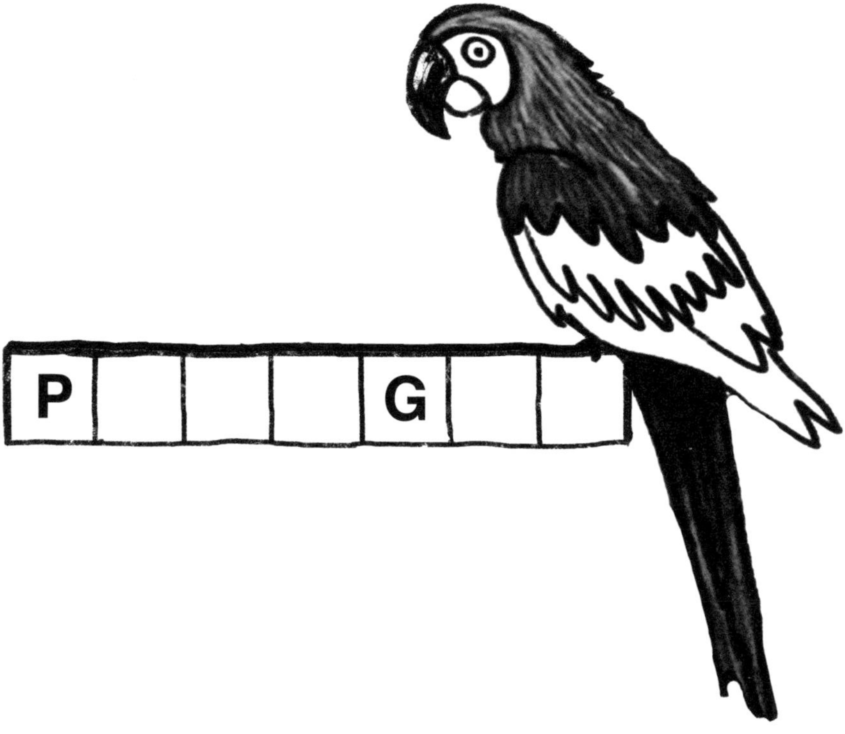

P				G		

Lösung: PAPAGEI

Verbinde Wort und Bild mit einer Linie!

FLUGZEUG

FAHRRAD

ROLLER

AUTO

MOTORRAD

LÖSUNG

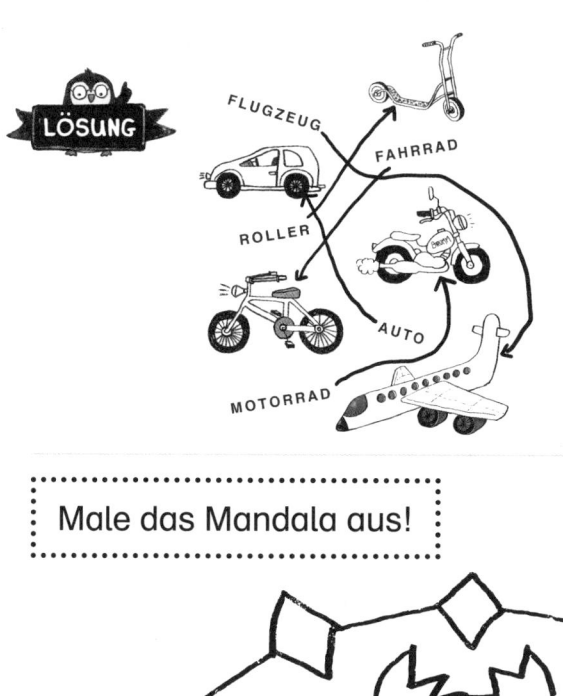

FLUGZEUG

FAHRRAD

ROLLER

AUTO

MOTORRAD

Male das Mandala aus!

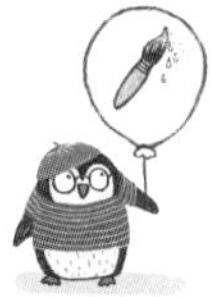

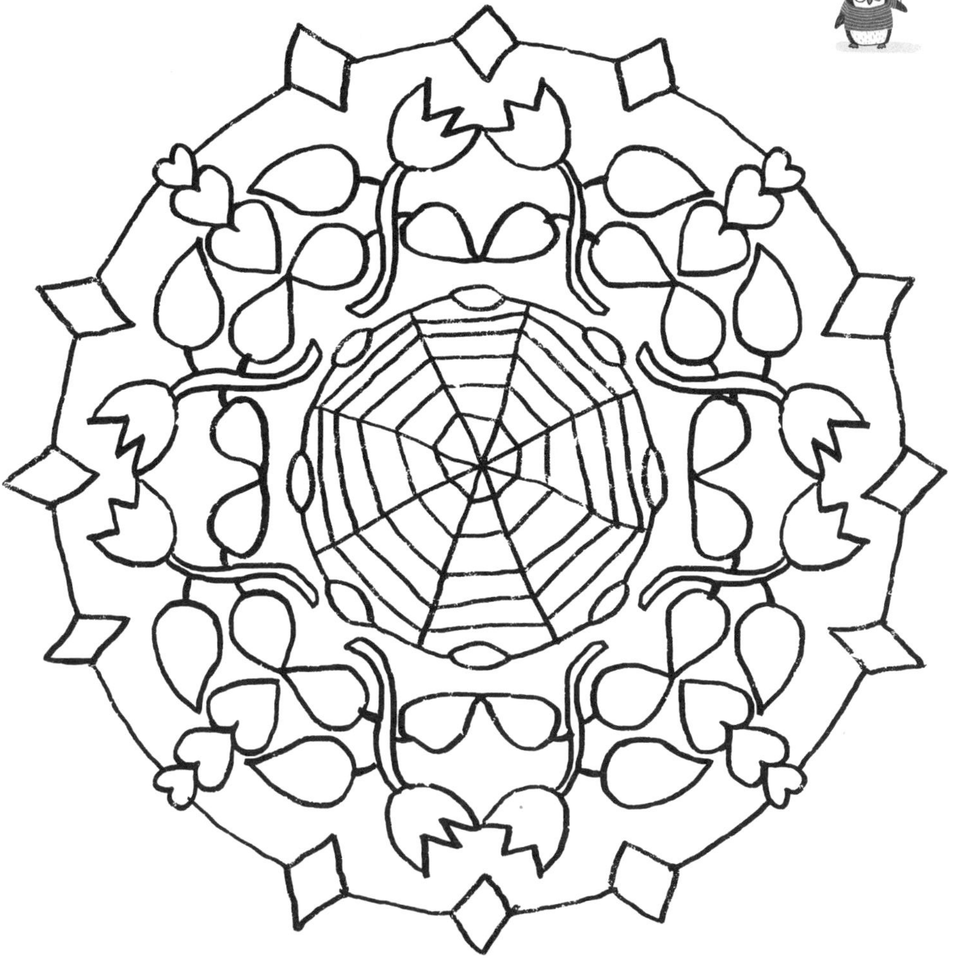

Rechne die Zahlen auf dem Weg der Kinder zusammen, und du weißt, wer am schnellsten am Ziel ist! Das kleinste Ergebnis gewinnt.

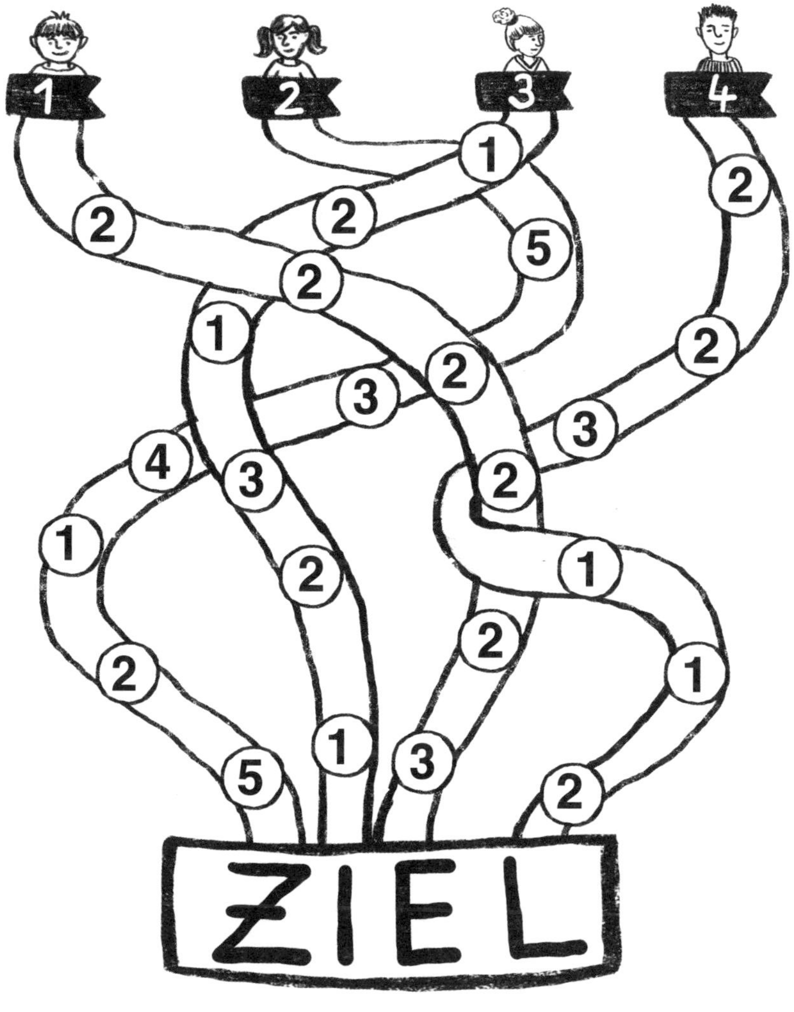

1 2 3 4

2 1 2
2 2 5
1 2
4 3 3 2
1 3 2 2
2 1 3 1
5 1 3 2

ZIEL

= ☐ = ☐ = ☐ = ☐

3

Erste (10)

4

Zweiter (11)

1

Dritter (13)

2

Vierte (20)

Kreise die Zahlen ein, die **kleiner < als 13** sind, und mache ein Viereck um die Zahlen, die **größer > als 13** sind.

3   **18**   **14**

12   **20**

16   **19**

7   **9**   **10**

In jedem Korb sollen 20 Erdbeeren liegen.
Wie viele fehlen noch?

20

13 + ___

5 + ___

17 + ___

0 + ___

4 + ___

16 + ___

Male auf die Torte viele rote Erdbeeren!

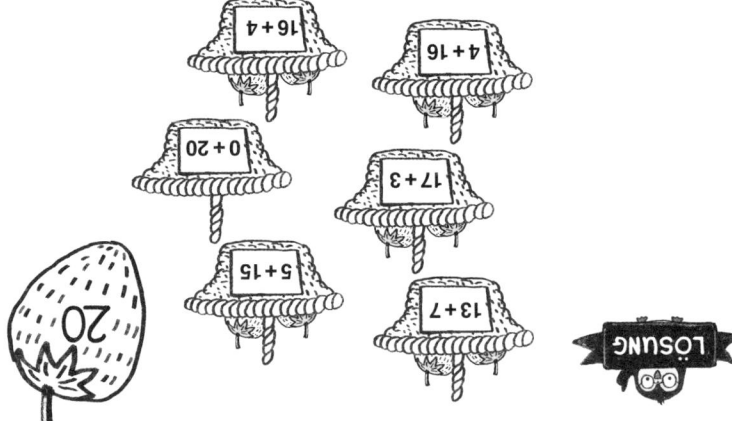

13 + 7
5 + 15
17 + 3
0 + 20
4 + 16
16 + 4

20

LÖSUNG

Unterstreiche immer das große **R** und das
kleine **r** und schreibe auf, wie viele **R** und **r**
in einem Wort sind!

R	r	
1	1	<u>R</u>entie<u>r</u>
		Rätselfrage
		Rechenunterricht
		Bauernhoftiere
		Gummistiefel
		Brillenträger
		Zebrastreifenmuster
		Rollerräder
		Fahrradträger

R	r	
1	1	<u>R</u>ätself<u>r</u>age
1	2	<u>R</u>echenunte<u>r</u> <u>r</u>icht
0	2	Baue<u>r</u>nhoftie<u>r</u>e
0	0	Gummistiefel
0	3	B<u>r</u>illent<u>r</u>äge<u>r</u>
0	3	Zeb<u>r</u>ast<u>r</u>eifenmuste<u>r</u>
1	3	<u>R</u>olle<u>r</u> <u>r</u>äde<u>r</u>
0	4	Fah<u>r</u> <u>r</u>adt<u>r</u>äge<u>r</u>

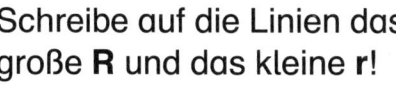

Schreibe auf die Linien das
große **R** und das kleine **r**!

R

r

Welche Zahlen sind **kleiner als 12**?
Male sie grün an!

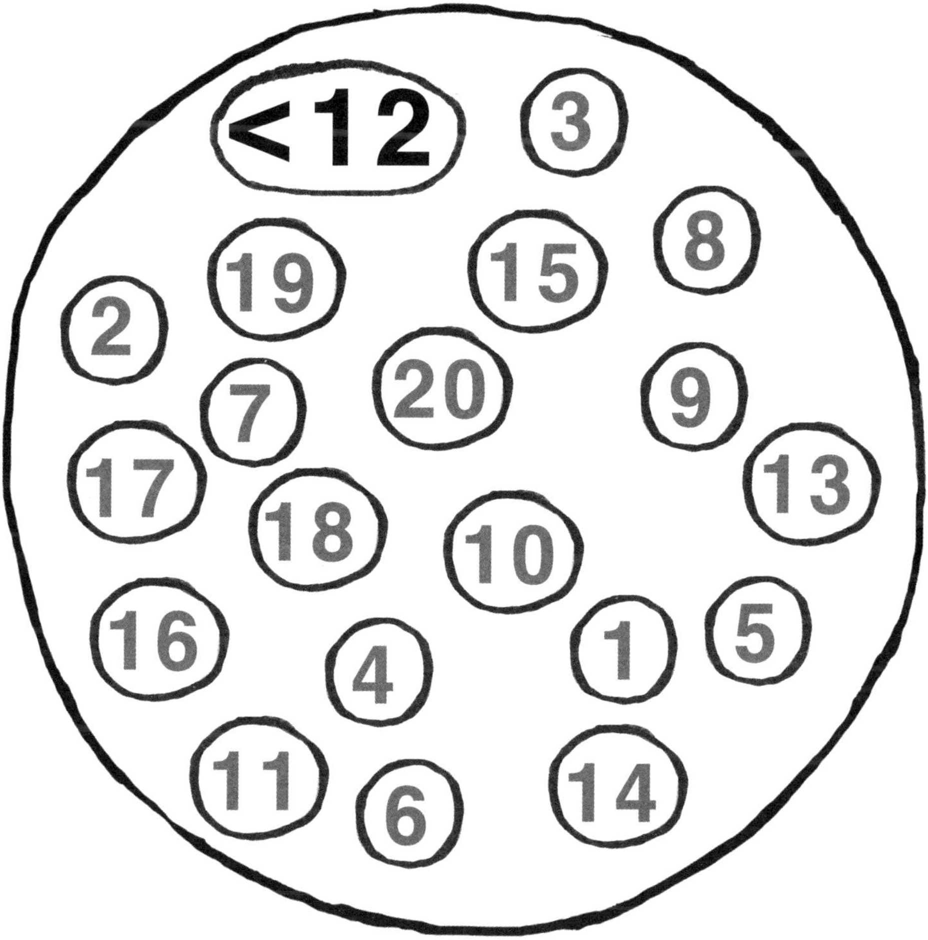

< 12

3

8

19

15

2

20

9

7

17

13

18

10

16

4

1

5

11

6

14

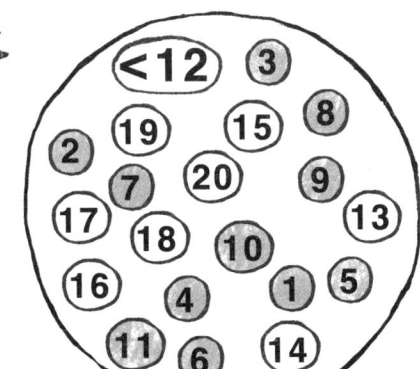

Male dem Mädchen ganz
viele Locken auf den Kopf!

Ein Bild in jeder Reihe ist falsch.
Streiche es durch!

A

B

C

D

Male einen Hubschrauber!

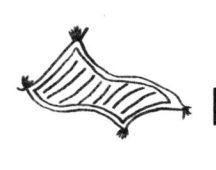 D

 C

  B

 A

LÖSUNG

Rechne zu jeder Aufgabe
die Umkehraufgabe!

3	+	7	=	1	0
1	0	–	7	=	**3**

2	0	–	6	=	1	4
1	4	+	6	=	**2**	**0**

8	+	4	=		
		–	4	=	

1	1	–	5	=	
		+	5	=	

5	+	1	2	=		
		–	1	2	=	

1	7	–	8	=	
		+	8	=	

1	3	+	6	=		
		–	6	=		

9	–	3	=	
		+	3	=	

8	+	4	=	1	2
1	2	−	4	=	8

1	1	−	5	=	6
6	+	5	=	1	1

5	+	1	2	=	1	7
1	7	−	1	2	=	5

1	7	−	8	=	9
9	+	8	=	1	7

1	3	+	6	=	1	9
1	9	−	6	=	1	3

9	−	3	=	6
6	+	3	=	9

Kreise alle ungeraden Zahlen ein!

1   8   19   11

13   17   7   3   6

10   18   15   12

5   2   4

14   9   16   20

Unterstreiche immer das **sch**!

BEISPIEL Ta<u>sch</u>e

Busch

Maschen

Dolch

glücklich

mischen

schlafen

Kirche

Kelch

schreiben

waschen

Kirsche

Milch

Schreibe auf die Linien das
große **H** und das kleine **h**!

H

h

Acht Buchstaben haben sich im Meer versteckt. Kreise jeden Buchstaben ein!

Schreibe immer einen Mädchen-
und einen Jungenvornamen mit
diesen Anfangsbuchstaben:

A	Annika	Ali
J		
L		
M		
S		

In jedem Korb sollen 10 Pilze sein.
Male die fehlenden in Blau dazu!

BEISPIEL

10

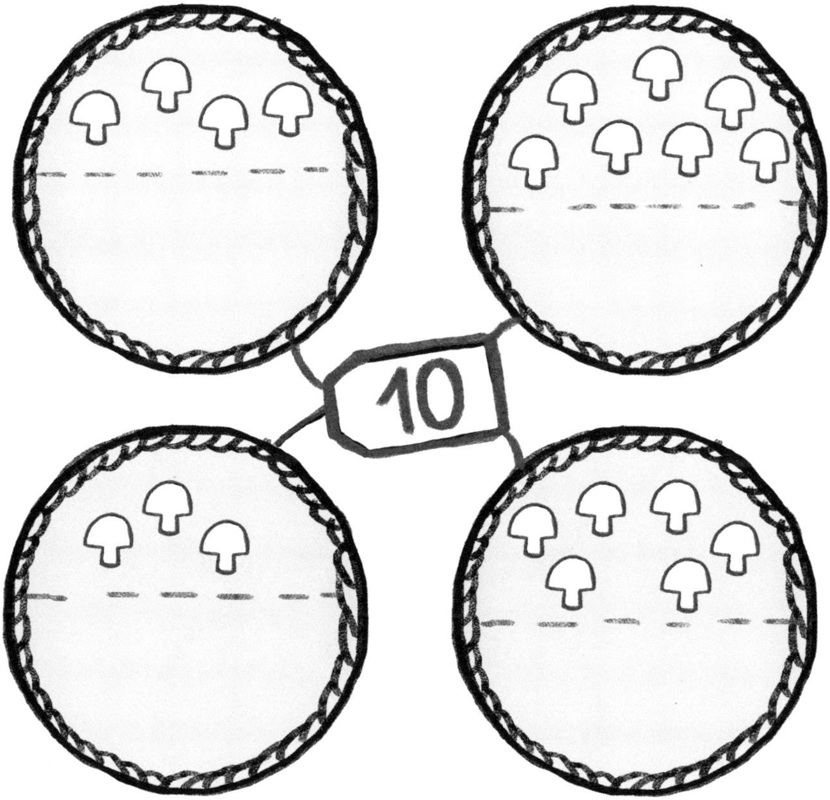

10

LÖSUNG

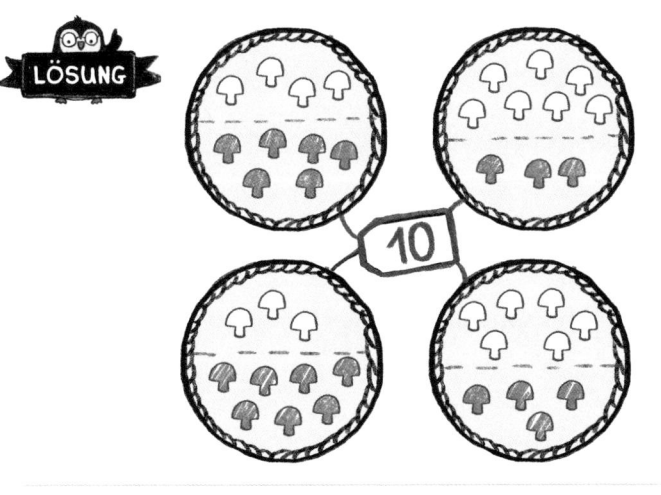

Male 5 verschiedene Blüten an die Stiele!

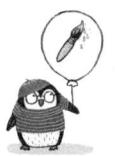

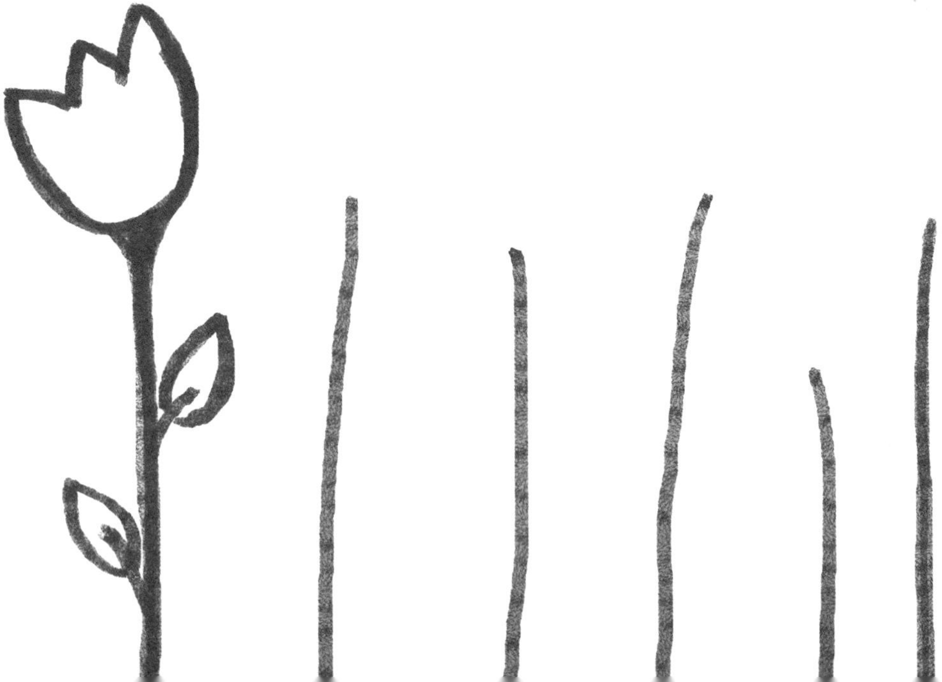

Verbinde immer zwei Bilder,
die zusammenpassen!

LÖSUNG

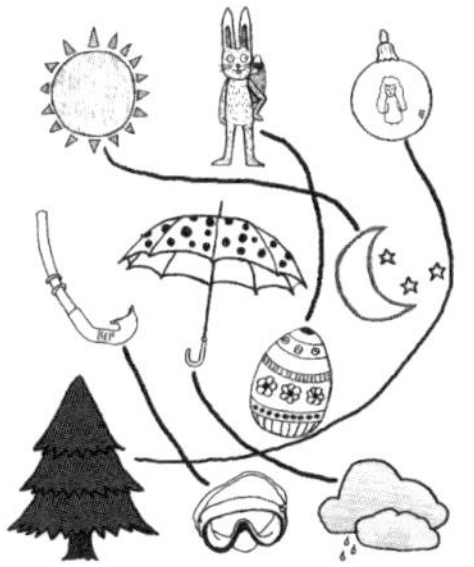

Kreise immer **3** Muffins ein!
Wie viele Muffins bleiben übrig? → ☐

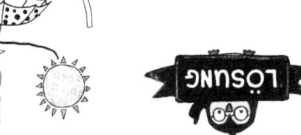

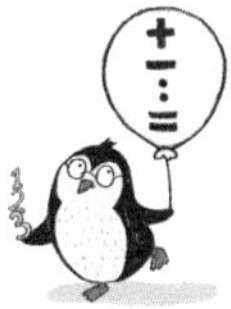

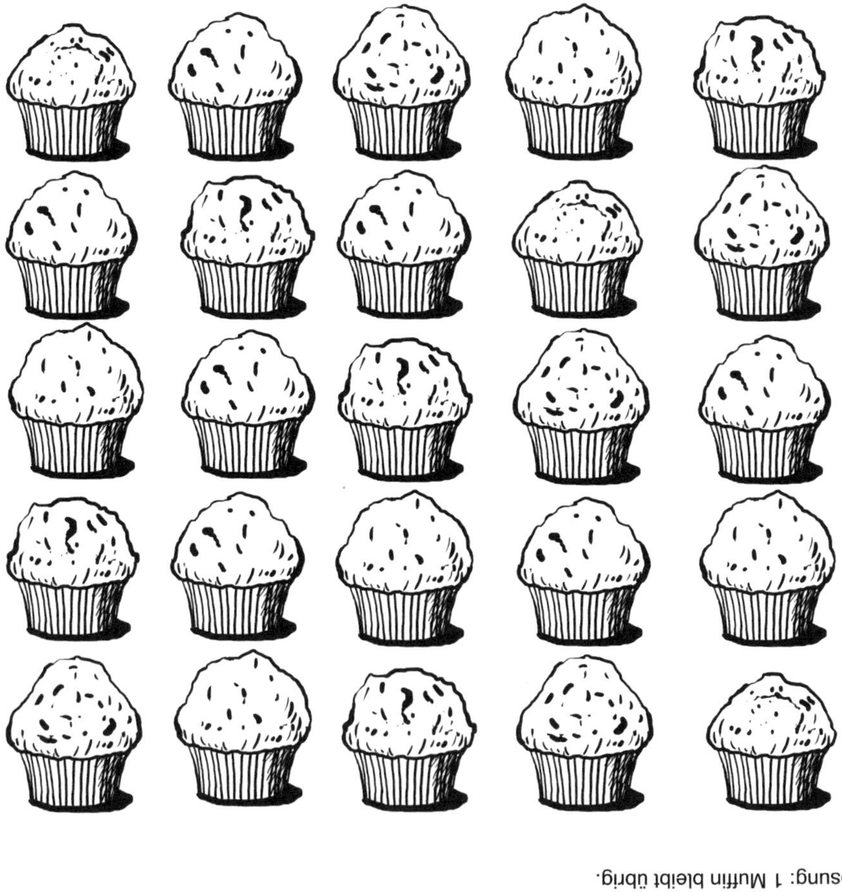

Lösung: 1 Muffin bleibt übrig.

Der, die oder **das?**
Schreibe den Begleiter zum Hauptwort!

  der **Käse**

 **Vogel**

 **Haus**

 **Auto**

 **Katze**

 **Oma**

Male das Osterei bunt aus!

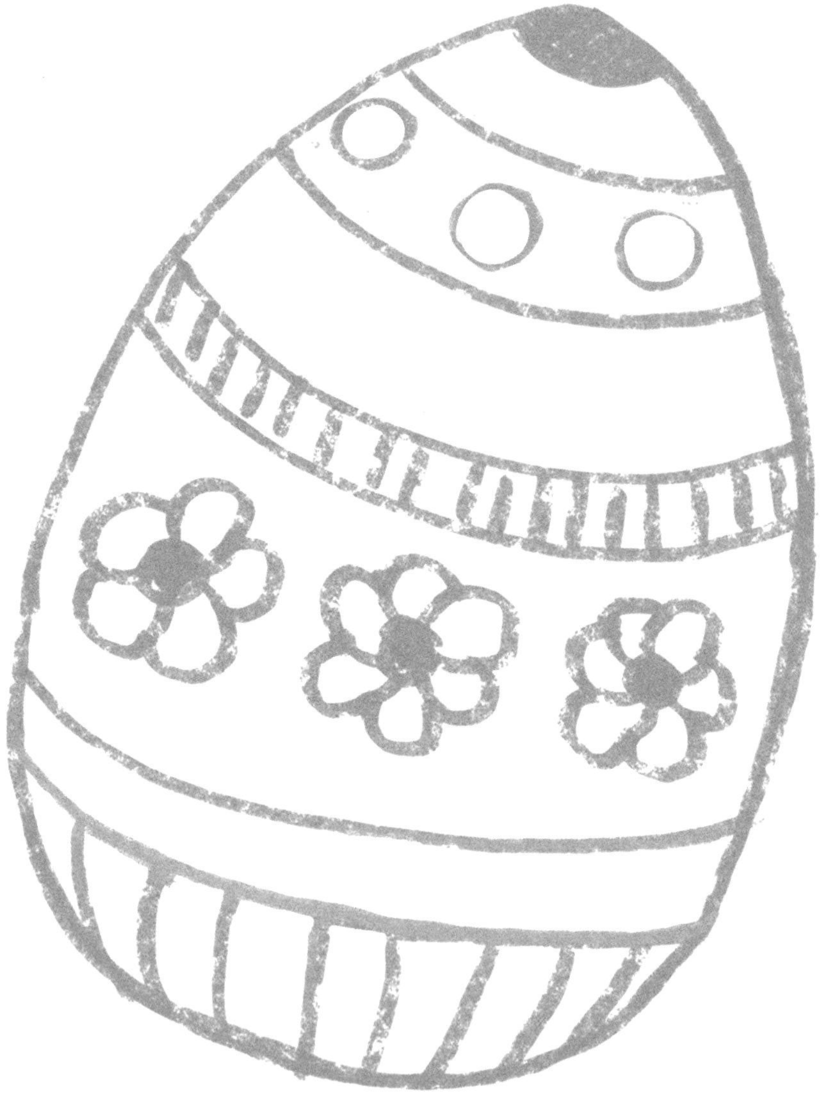

Zähle jeden **5.** Buchstaben und schreibe ihn auf. Wie heißt das Lösungswort?

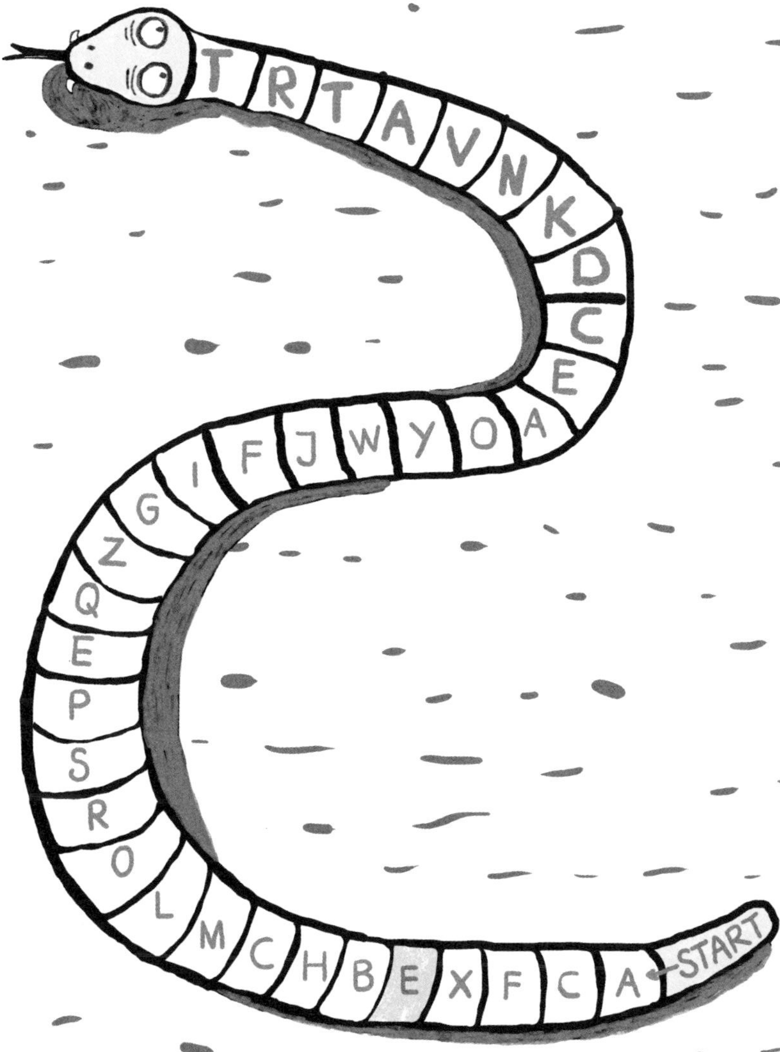

→ ☐ ☐ ☐ ☐ ☐ ☐ ☐

→ E L E F A N T

Schreibe auf die Linien das
große **E** und das kleine **e**!

E

e

Streiche von den 10 Früchten in jedem
Kasten so viele durch, dass das Ergebnis
unter jeder Aufgabe richtig ist!

BEISPIEL

10 - ?

= 7

A

= 4

B

= 5

C

= 2

D

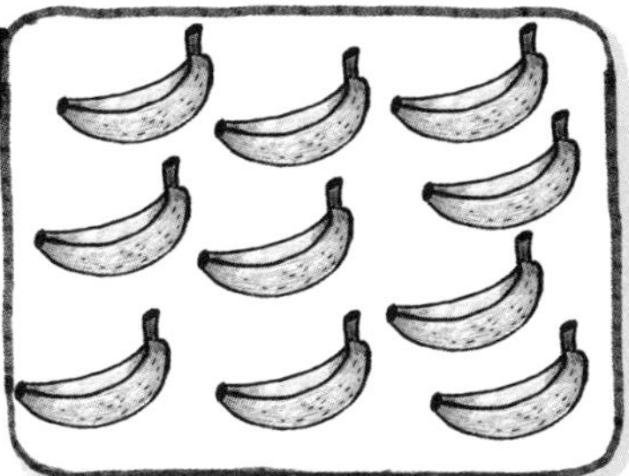

= 1

E

= 6

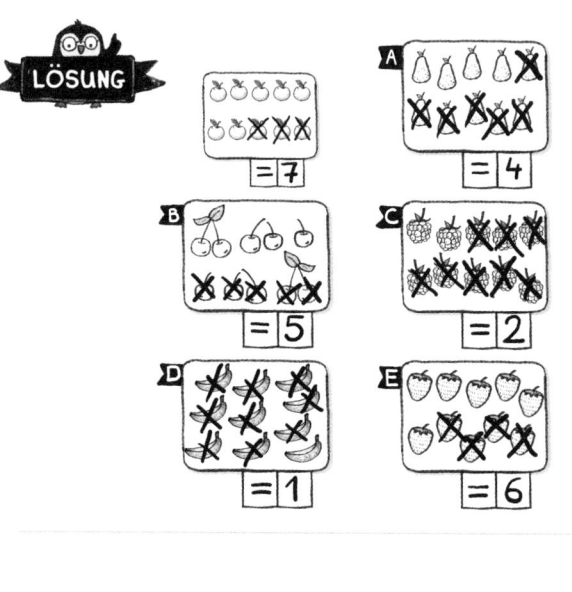

LÖSUNG

A = 4
= 7
B = 5
C = 2
D = 1
E = 6

Male die Früchte bunt aus!

Welche Tiere leben nicht im Wald?
Streiche die drei Tiere durch!

Male eine Eule auf den Ast!

Verbinde jedes Bild mit dem richtigen Anfangsbuchstaben!

T

G

S

A

B

H

K

M

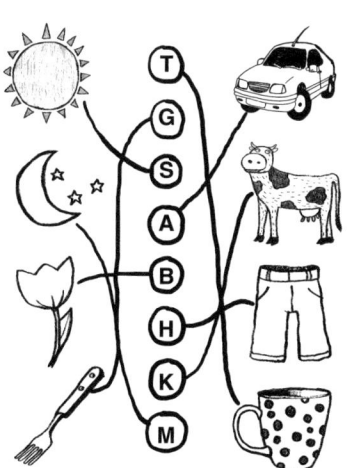

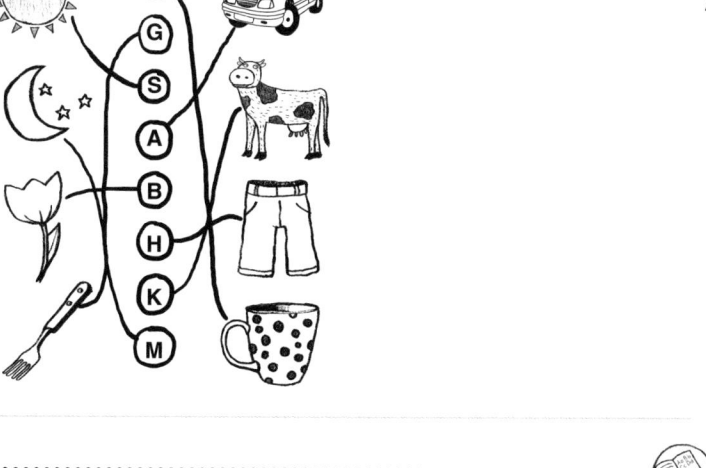

Schreibe auf die Linien das große **N** und das kleine **n**!

N

n

Paul fährt gern Ski. Folge mit einem Stift erst der Spur, zeichne dann die gestrichelte Linie nach und male dann eine neue Spur dazu!

D = C = B = A =

ZIEL

Zähle die Zahlen zusammen!
Die Ameise mit dem kleinsten
Ergebnis gewinnt das Wettrennen.

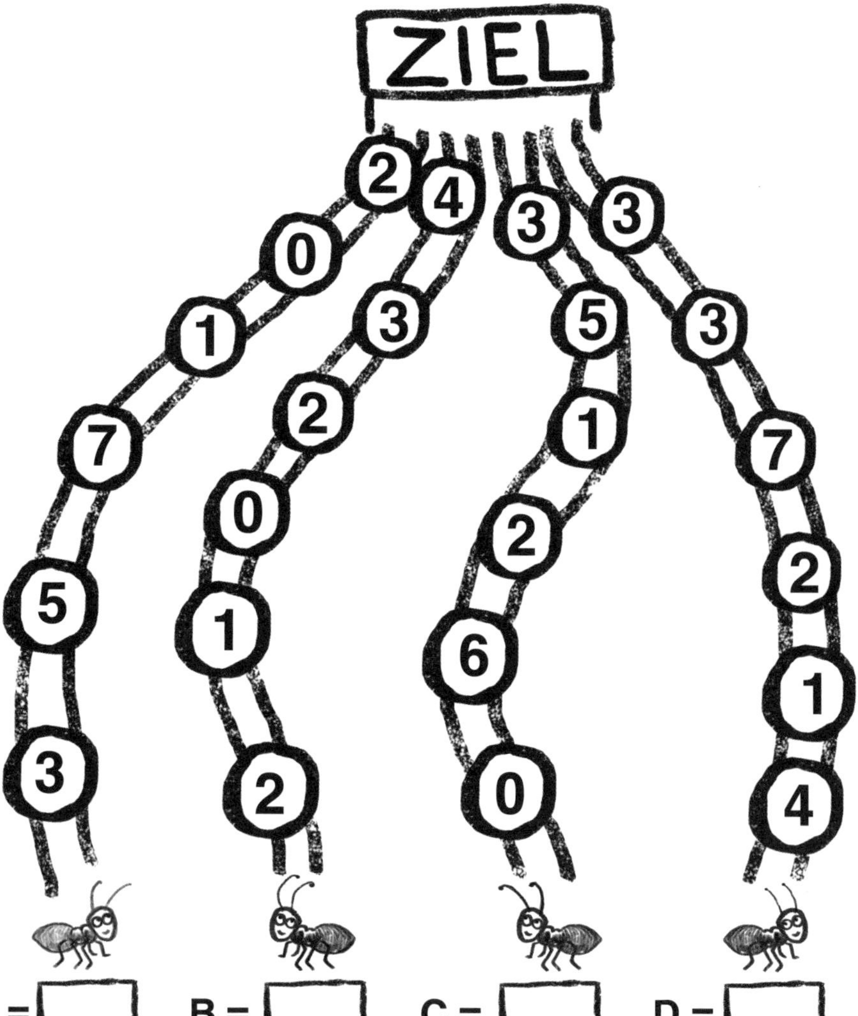

Male alle Felder mit den Buchstaben **E, I, S** aus!

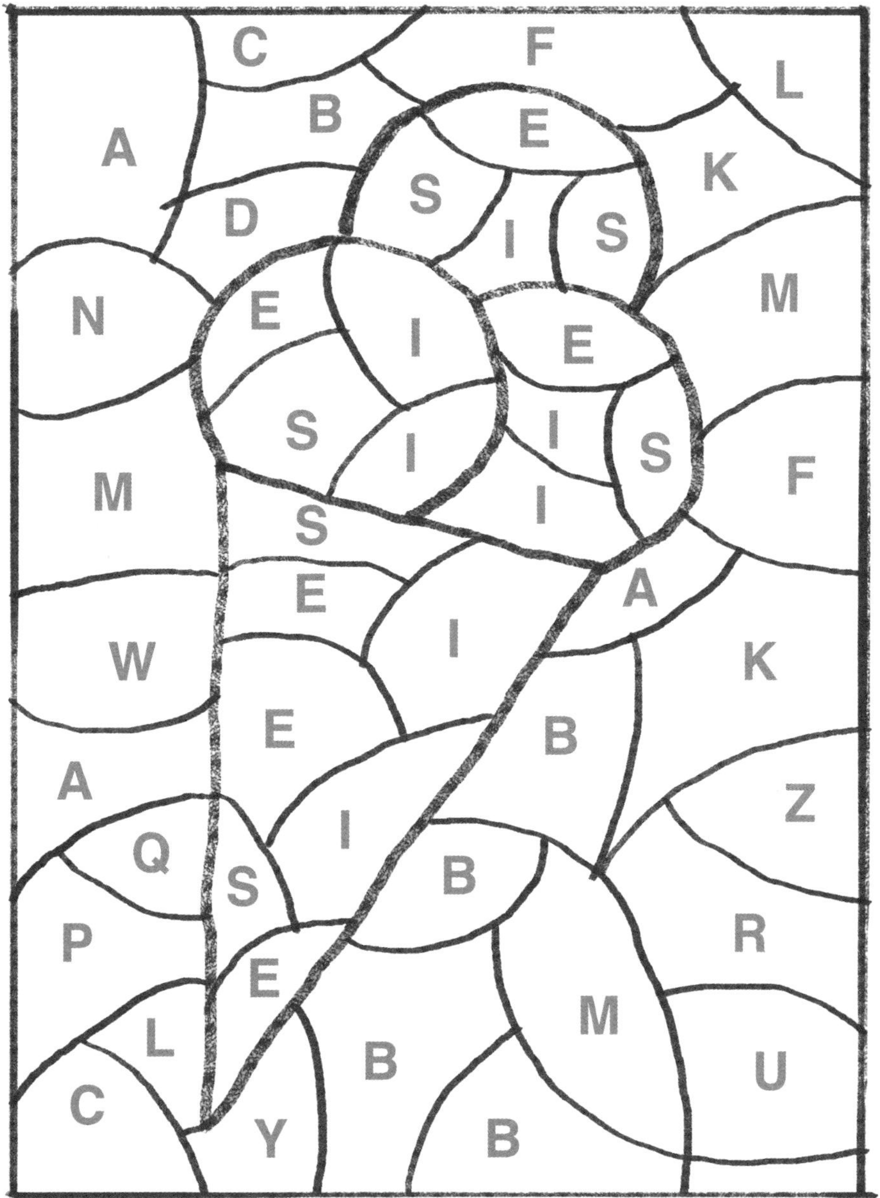

C F L
B E
A K
S
D I S
M
N E
I E
M S I I S F
S I
E A
W I K
E B
A Z
Q I
S B R
P E
M
L B U
C Y B

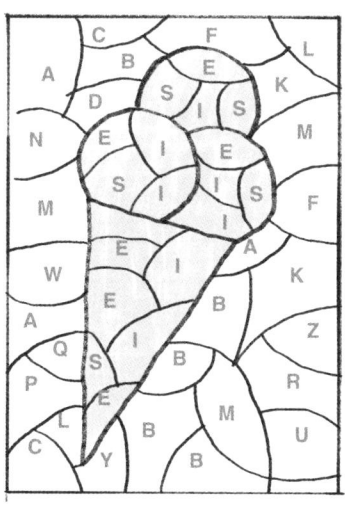

Kreise die Wörter ein, die **kein E, I** oder **S** haben!

Auto

Igel

Eier

Eimer

Stifte

Bach

Schwein

Pilz

Boot

Salz

Rechne die Aufgaben, trage die Ergebnisse rechts ein und verbinde sie mit einem **gleich =** oder **größer >** oder **kleiner <**!

3	+	4
=	7	

8	−	6
=	2	

A

8	+	1
=		

2	0	−	9
=			

B

5	−	5
=		

1	0	−	5
=			

C

5	+	7
=		

7	+	7
=		

D

3	+	1	0
=			

1	0	−	1
=			

E

9	−	0
=		

0	+	9
=		

F

1	3	−	2
=			

5	+	2
=		

LÖSUNG

A	8 + 1 = 9	20 − 9 = 11	9 < 11
B	5 − 5 = 0	10 − 5 = 5	0 < 5
C	5 + 7 = 12	7 + 7 = 14	12 < 14
D	3 + 10 = 13	10 − 1 = 9	13 > 9
E	9 − 0 = 9	0 + 9 = 9	9 = 9
F	13 − 2 = 11	5 + 2 = 7	11 > 7

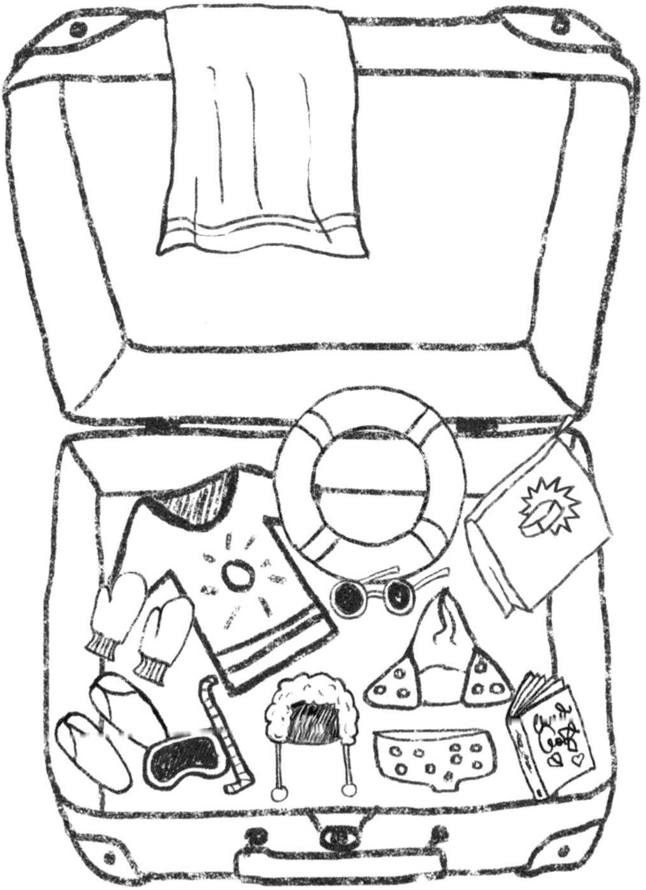

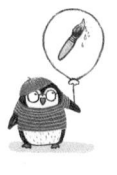

Male das Bild bunt aus!

Was gehört nicht auf den Esstisch?
Streiche die Bilder durch!

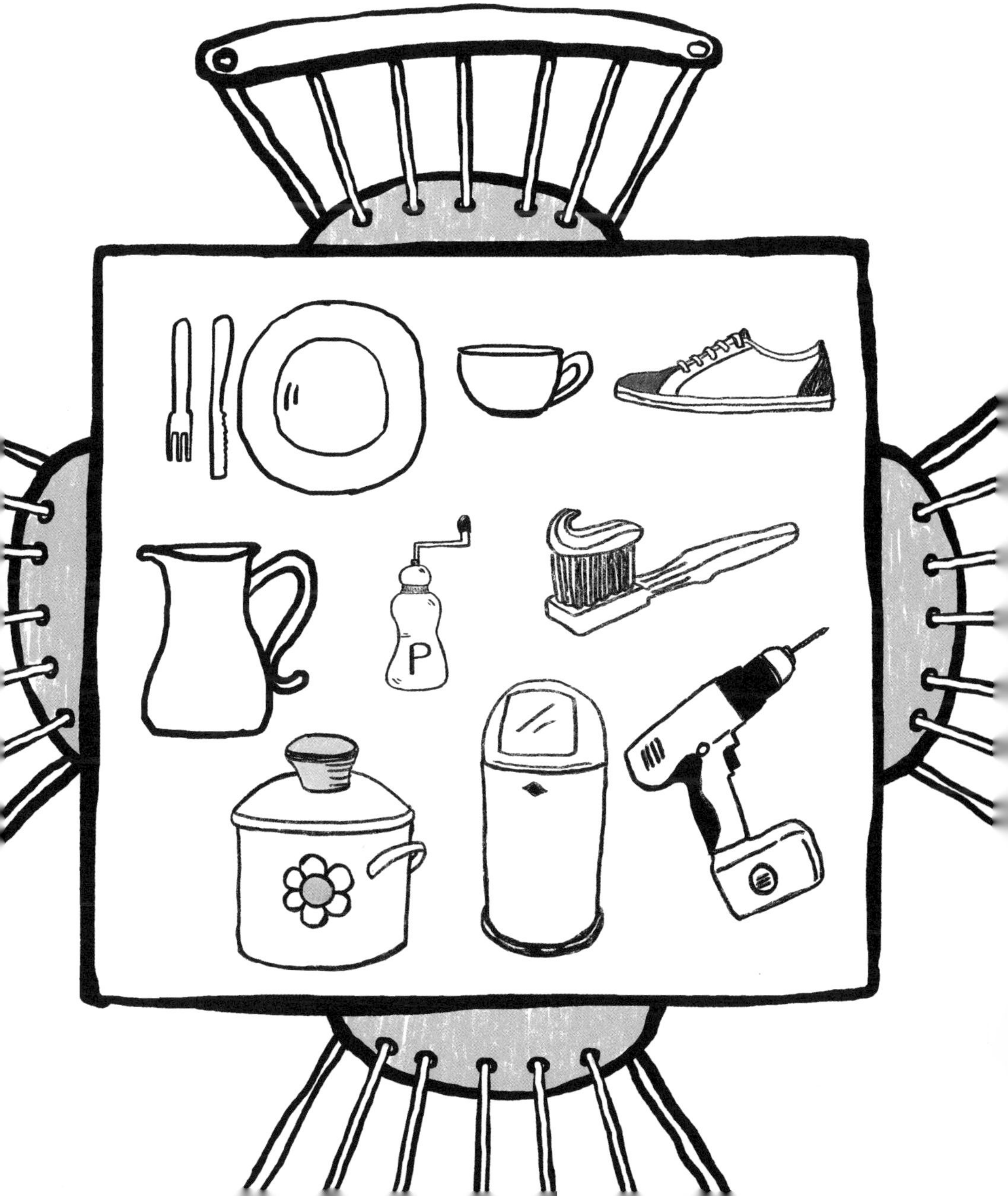

Folge jeder Wellenspur in drei Farben!

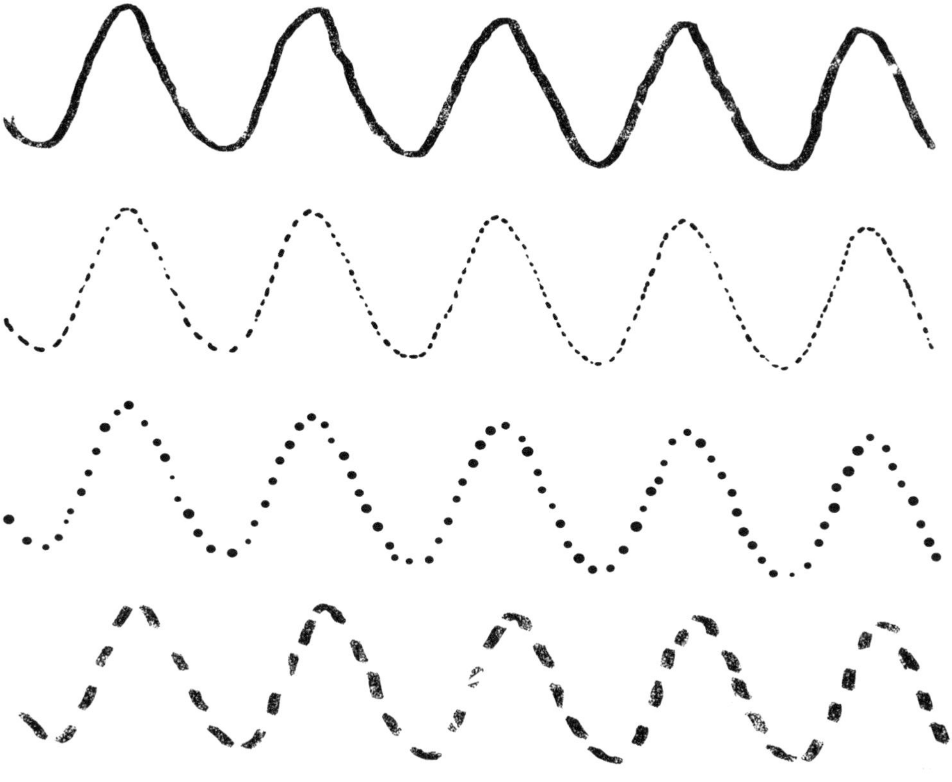

LÖSUNG

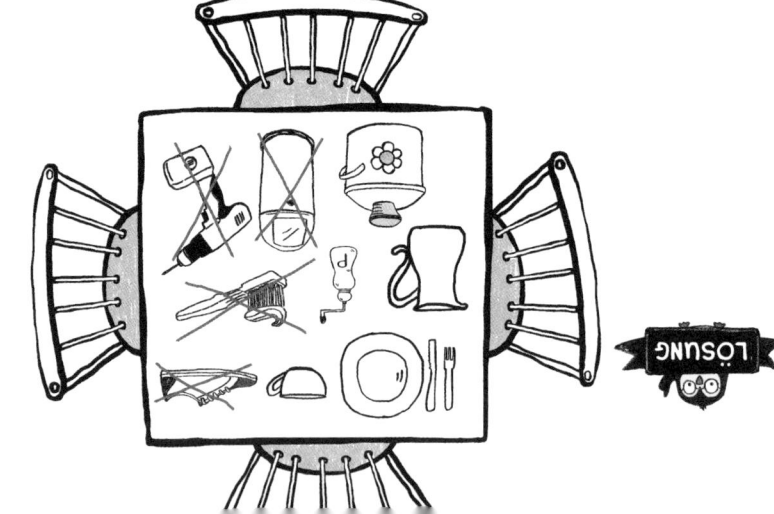

Löse die Rechenaufgaben und ziehe
einen Pfeil zum richtigen Ergebnis!

(2 0 – 1 0)   (1 0 – 5)

5

(1 + 4)   (1 2 + 8)

(3 + 7)   (1 3 – 3)

10

(1 2 – 7)   (5 + 5)

20

(1 7 + 3)   (0 + 5)

LÖSUNG

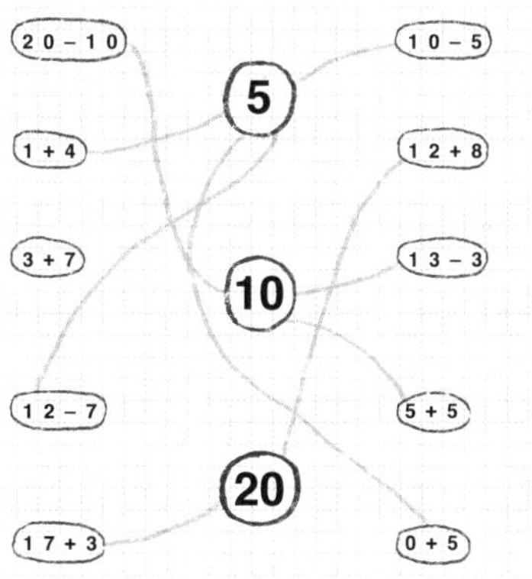

(2 0 – 1 0)   ⑤   (1 0 – 5)

(1 + 4)   (1 2 + 8)

(3 + 7)   ⑩   (1 3 – 3)

(1 2 – 7)   (5 + 5)

(2 0)

(1 7 + 3)   (0 + 5)

Zeichne die Schuppen
weiter und male dann
den Fisch bunt aus!

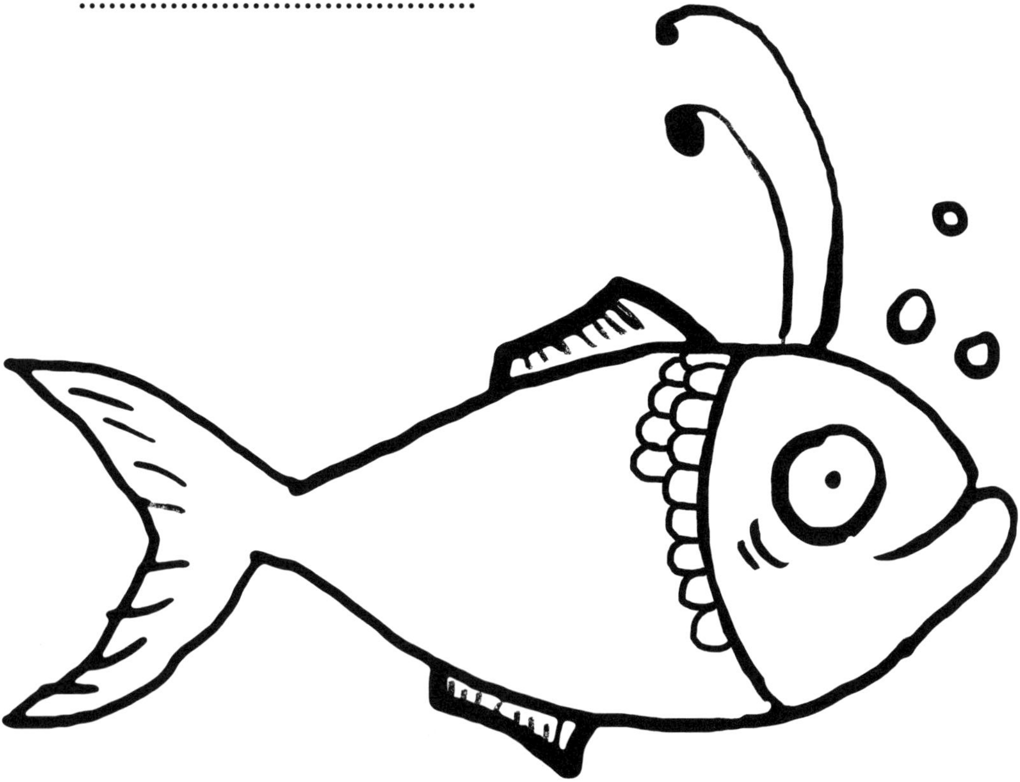

In jeder Reihe (↔), in jeder Spalte (↕) und in jeder Diagonalen (↗ und ↘) darf jedes Bild nur einmal vorkommen. Ergänze die leeren Felder!

Male die Schildkröte bunt aus!

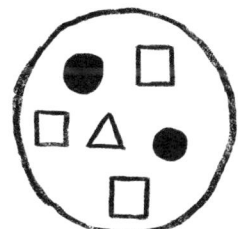 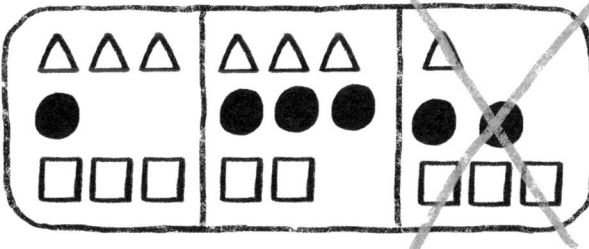

 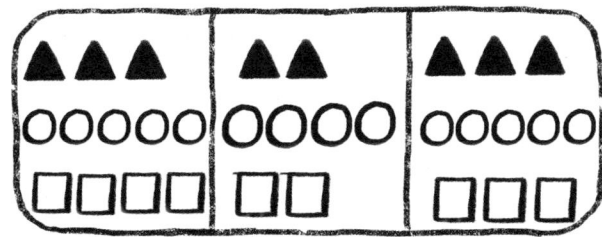

Male alle ◯ rot, alle ☐ gelb und alle ▽ blau aus!

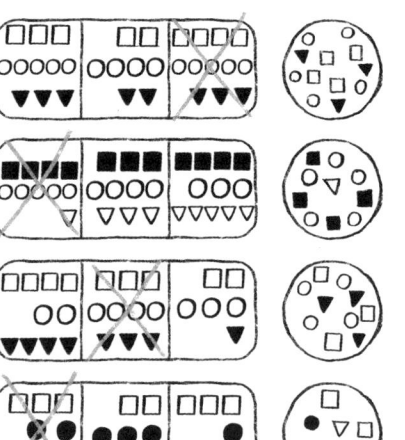

LÖSUNG

Finde die Wörter **HAUS, MAUS** und **RAUS** je zweimal in diesem Buchstabengitter!

M	A	U	S	F	G	B	H
J	N	R	A	U	S	A	U
H	U	A	S	H	A	U	S
M	A	U	R	Z	U	I	A
U	M	A	U	S	D	A	U
R	A	U	S	B	A	U	R
S	A	U	H	A	U	S	M
K	H	A	A	S	L	M	A

LÖSUNG

M	A	U	S	F	G	B	H
J	N	R	A	U	S	A	U
H	U	A	S	H	A	U	S
M	A	U	R	Z	U	I	A
U	M	A	U	S	D	A	U
R	A	U	S	B	A	U	R
S	A	U	H	A	U	S	M
K	H	A	A	S	L	M	A

Male für die **MAUS** ein **HAUS**!

Zähle die Gegenstände auf jeder Seite
eines Kastens zusammen und schreibe
das Ergebnis auf!

| 2 | + | 5 |

| 7 |

| | + | |

| | + | |

| | + | |

| | + | |

| | + | |

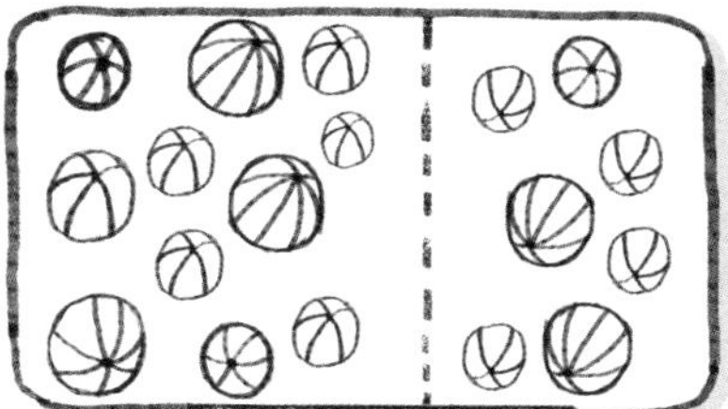

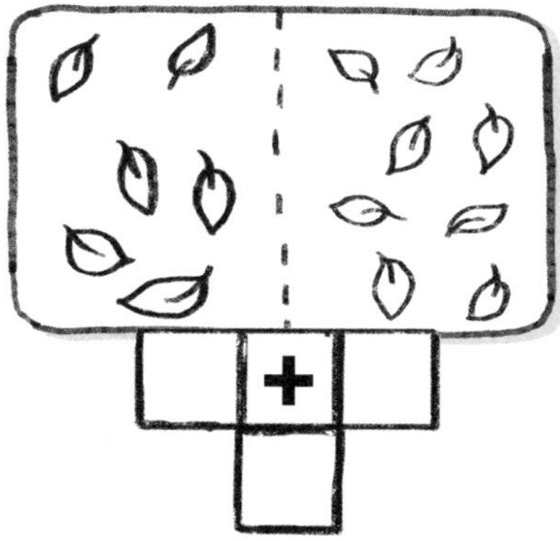

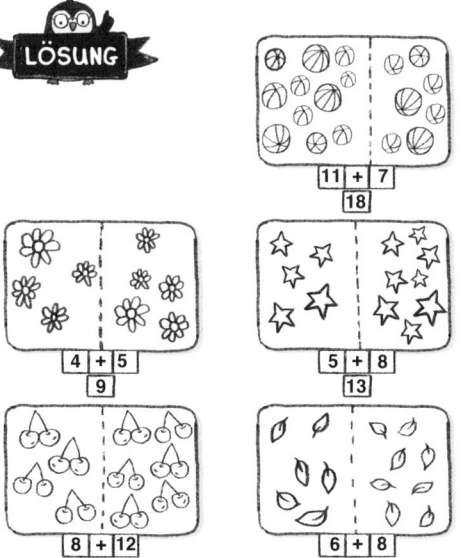

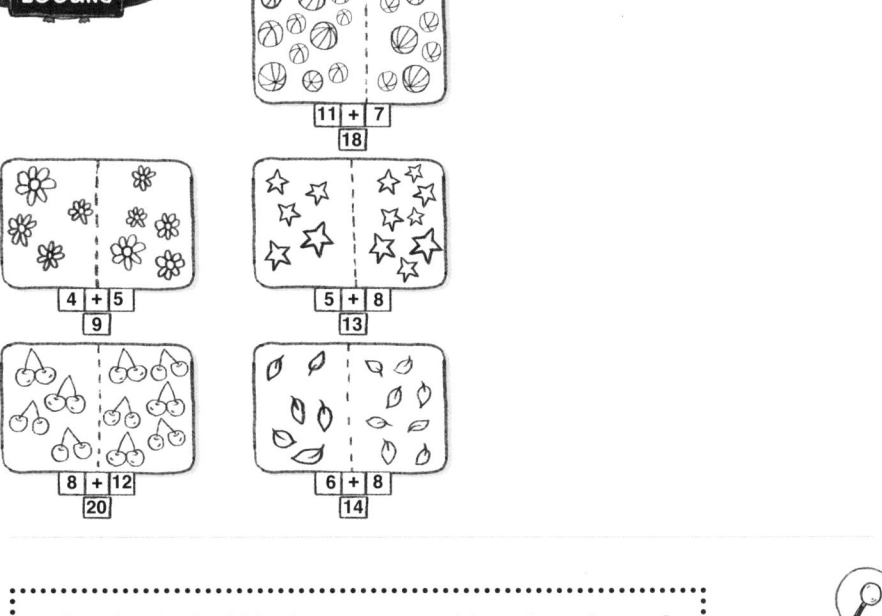

11 + 7
18

4 + 5
9

5 + 8
13

8 + 12
20

6 + 8
14

Was ist kein Werkzeug von Handwerkern? Streiche durch!

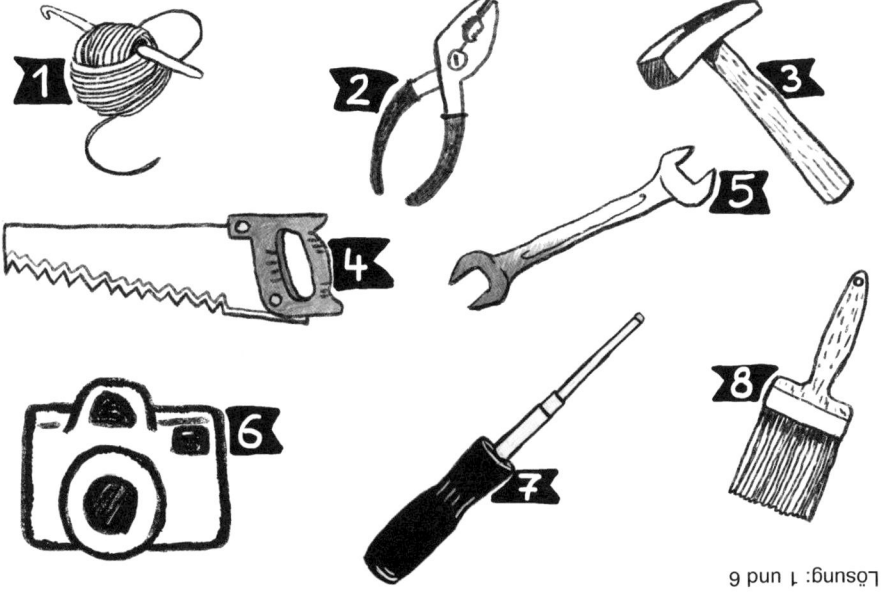

Lösung: 1 und 6

Finde die 6 Fehler im unteren Bild!

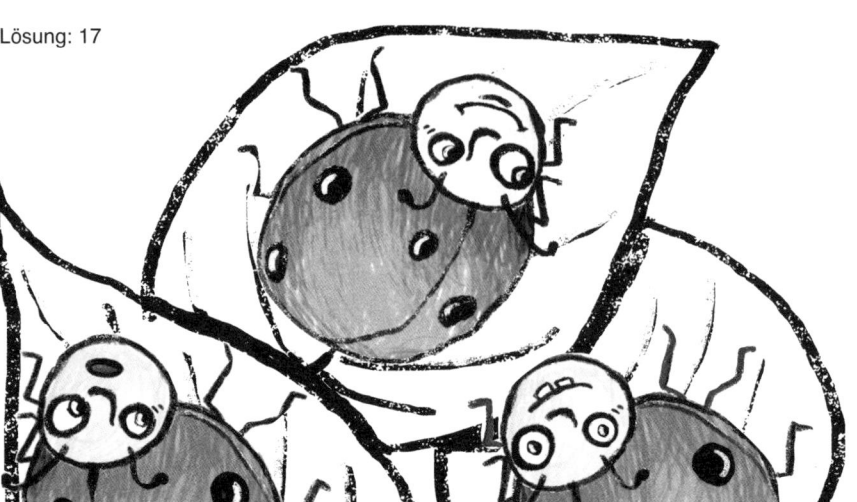

Wie viele Punkte haben die drei Marienkäfer zusammen?

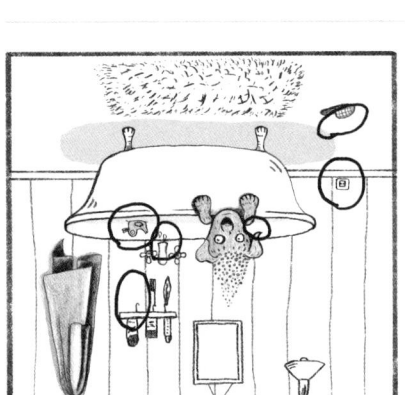

LÖSUNG

Ergänze die zweite Hälfte des Bildes und achte dabei genau auf die Kästchen!

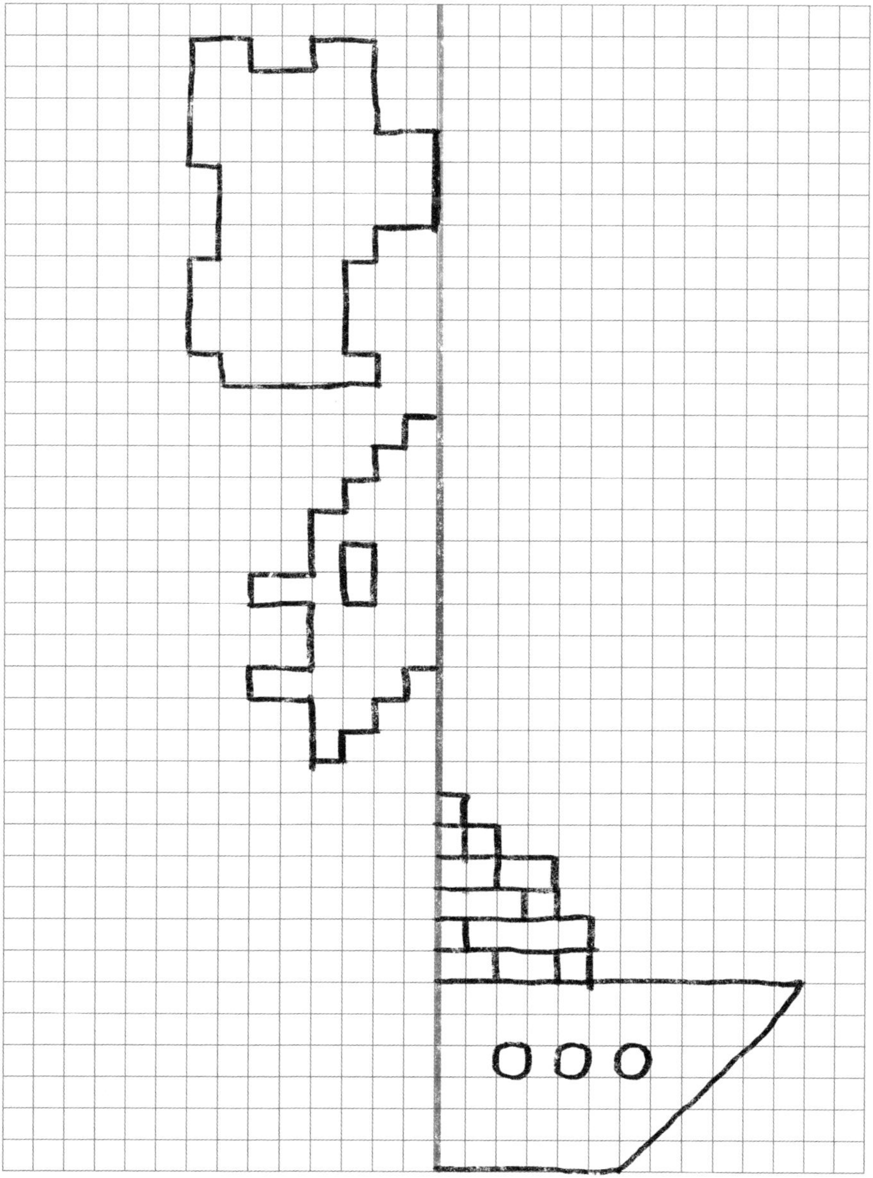

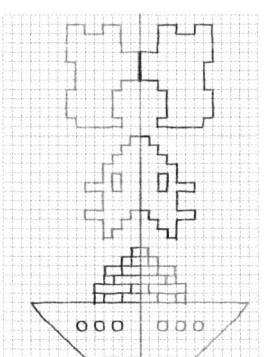

Die Kinder Freddy und Lisa wollen mit ihrem Papa in den Zirkus gehen. Was muss der Papa für den Eintritt bezahlen?

EINTRITT
Erwachsene: 10 €

Kinder: 5 €

	€	+		€	+		€	=	

Lösung: Papa muss 20 € bezahlen.

Schreibe die Anfangsbuchstaben
der Bilder an den richtigen Platz!
Welches neue Wort ergibt sich?

A

1	2	3	4	5

B

1	2	3	4	5

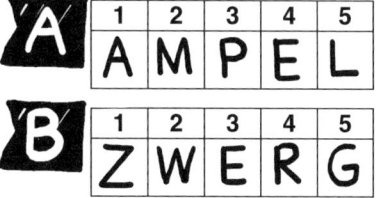

LÖSUNG

A | 1 | 2 | 3 | 4 | 5 |
A | M | P | E | L

B | 1 | 2 | 3 | 4 | 5 |
Z | W | E | R | G

Male einen Pinguin auf die Eisscholle!

In jedes Schild gehört eine bestimmte Anzahl von Strichen. Male immer die richtige Menge Striche in jede Form ein!

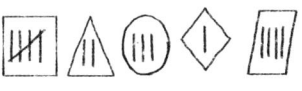

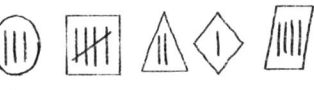

LÖSUNG

Schreibe auf die Linien das große **T** und das kleine **t**!

T

t

Schreibe die Aufgabe zu den jeweiligen
Bildern auf und rechne sie aus!

BEISPIEL

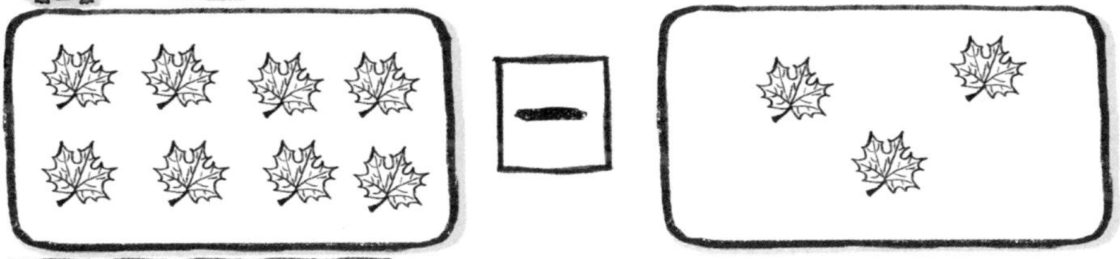

| 8 | – | 3 | = | 5 |

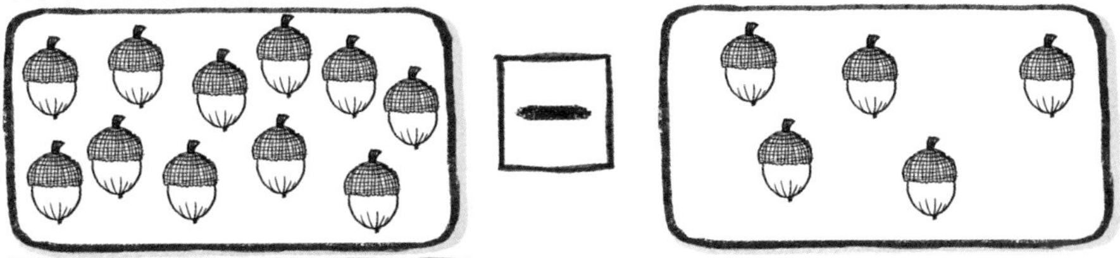

LÖSUNG

16 − 8 = 8   11 − 5 = 6   5 − 5 = 0

Male an den Baum ganz viele bunte Blätter!

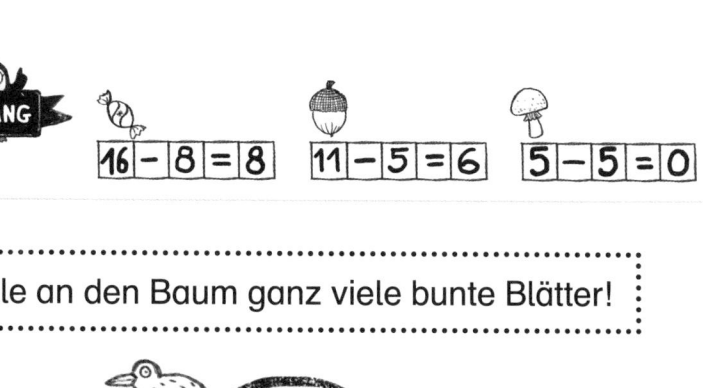

BEISPIEL

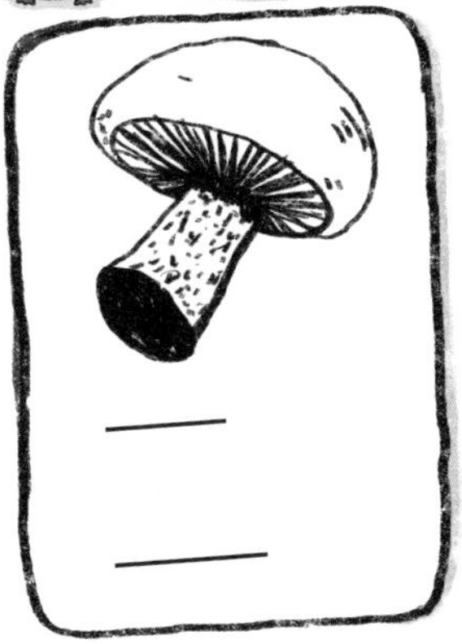

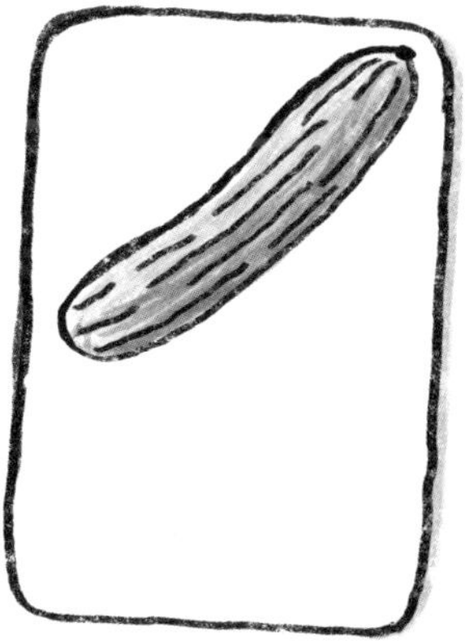

Pilz

Tomate Gurke Apfel

Kirsche Erdbeere

Schreibe auf die Linien das große **Z** und das kleine **z**!

Z

z

Ordne die Tiere ihrer Größe nach und schreibe den jeweiligen Anfangsbuchstaben unten in die Kästchen. Fange mit dem kleinsten Tier an! Welches neue Wort kannst du lesen?

Male dem Segelboot einen Mast und ein großes Segel an und dann das Bild bunt aus!

Auf welchem Weg findet das Wildschwein
Erich die meisten Pilze? Rechne zum Schluss
alle Pilze zusammen!

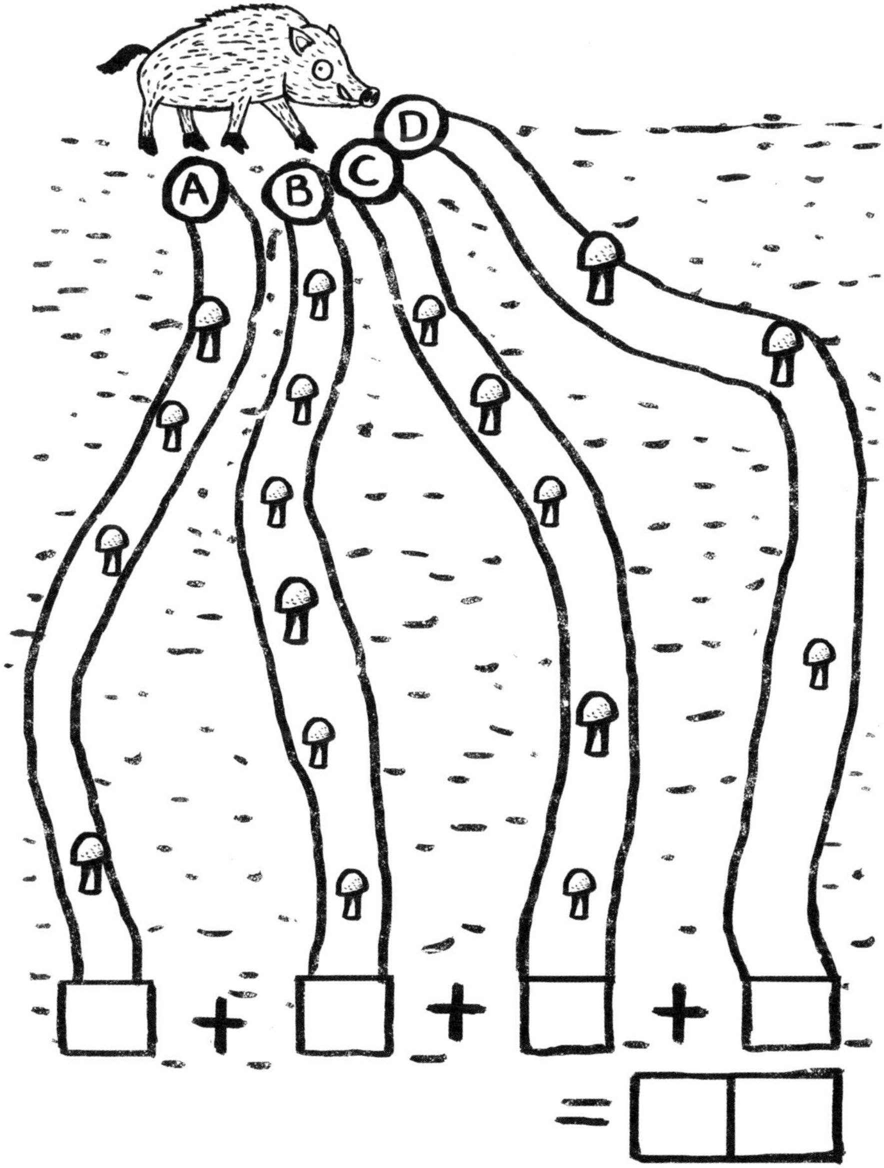

☐ + ☐ + ☐ + ☐

= ☐☐

W

W

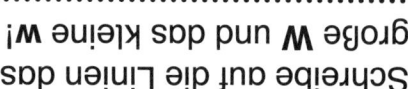

Schreibe auf die Linien das
große **W** und das kleine **w**!

LÖSUNG 4 + 6 + 5 + 3 = 18

Nur ein Schmetterling sieht genauso aus wie der große. Kannst du ihn entdecken?

Male die Raupe weiter und dann bunt aus!

Wie kann man 9 Äpfel auf 2 Kisten aufteilen?
Male 2 verschiedene Möglichkeiten auf und
schreibe die Aufgabe unter die Kästchen!

BEISPIEL

| | + | | = | 9 |

| | + | | = | 9 |

| | + | | = | 9 |

 **LÖSUNG** 9 Äpfel kann man in 0 + 9, 1 + 8, 2 + 7, 3 + 6, 4 + 5, 5 + 4, 6 + 3, 7 + 2, 8 + 1 und 9 + 0 aufteilen.

Schreibe auf die Linien das große **Q** und das kleine **q**!

Q

q

Sammle die Buchstaben auf den Wegen
der Kinder ein, und du weißt, wer welchen
Platz im Rollerrennen erreicht hat.

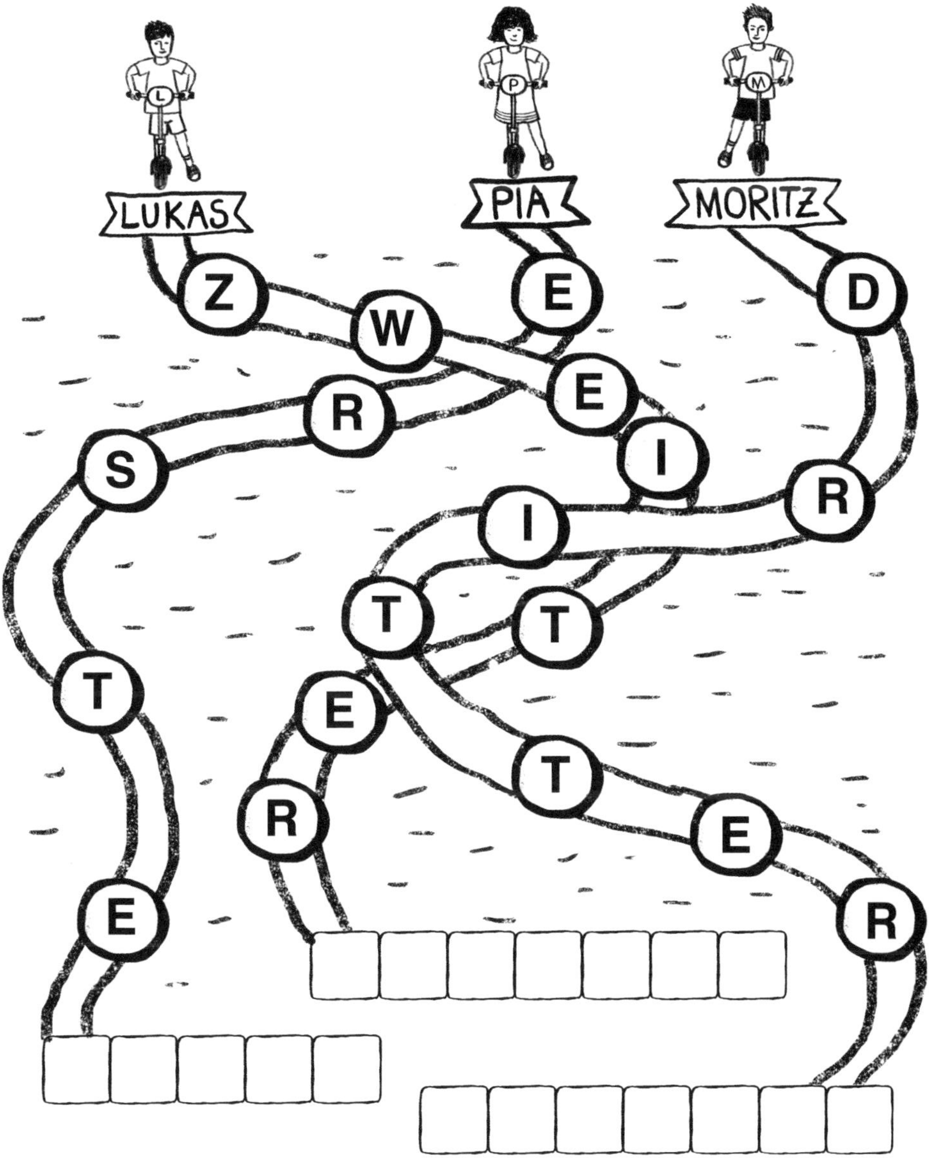

LUKAS PIA MORITZ

Z W E D

R E

S I R

I T

T T

E T

R E

E R

Male eine Wellenlinie um die Punkte, ohne den Rand zu berühren!

BEISPIEL

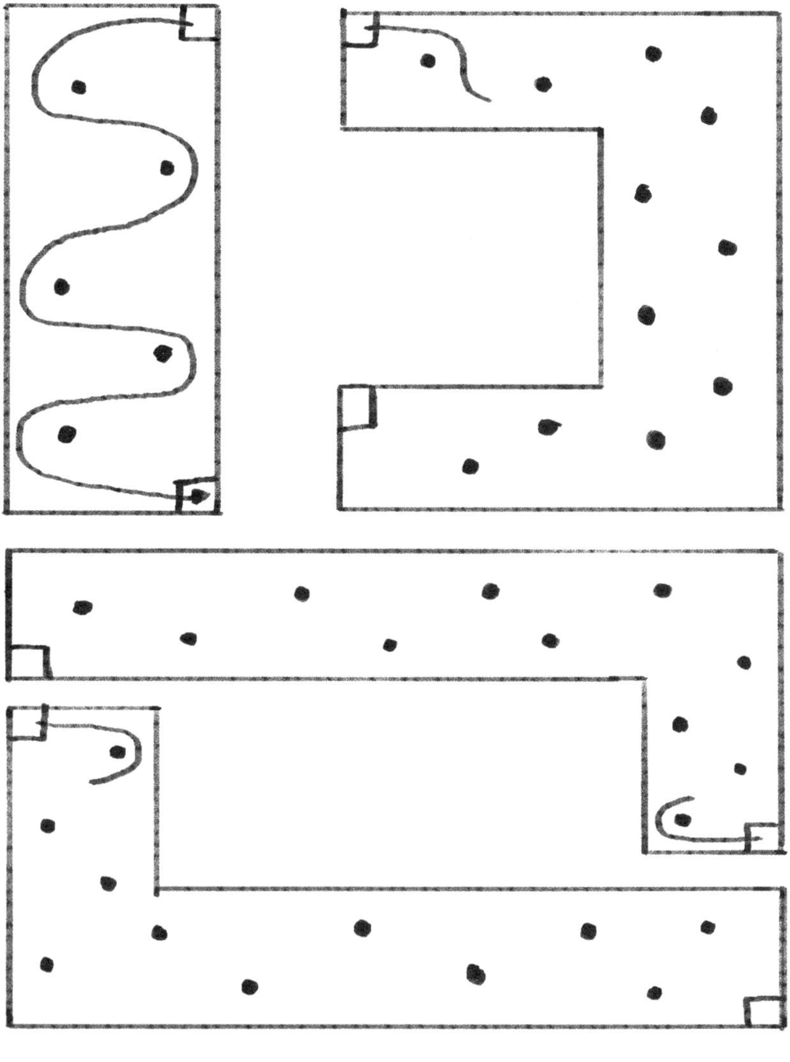

> **Entziffere die Geheimschrift!**
> **Was kannst du lesen?**

A	B	C	D	E	F	G	H	I	J	K	L	M
Π	Σ	ə	ʃ	Δ	∞	§	[	]	◊	≠	/	√

N	O	P	Q	R	S	T	U	V	W	X	Y	Z
←	ſ	ʃ	×	Đ	#	π	Ω	{	}	¤	ð	->

]	ə	[
I	C	H

≠	ſ	√	√	Δ
K	O	M	M	E

Σ	Π	/	ʃ
B	A	L	D

]	←
I	N

ʃ	]	Δ
D	I	E

->	}	Δ	]	π	Δ
Z	W	E	I	T	E

≠	/	Π	#	#	Δ
K	L	A	S	S	E

Kannst du das schon? Rechne die Aufgaben und ordne dann den Ergebnissen im gestrichelten Kasten die richtigen Buchstaben zu. Was kannst du lesen?

N | 15 + 14 = | 2 | 9

O | 32 − 14 =

T | 23 + 8 =

A | 44 − 20 =

R | 66 − 8 =

T | 50 + 22 =

K | 51 − 5 =

E | 72 + 21 =

_	_	_	_	_	_	_	**N**
46	24	58	18	31	72	93	29